小学语数英学科案例教学论

XIAOXUE YU-SHU-YING XUEKE
ANLI JIAOXUE LUN

罗小平 ◎著

广东高等教育出版社
Guangdong Higher Education Press

图书在版编目（CIP）数据

小学语数英学科案例教学论/罗小平著. —广州：广东高等教育出版社，2020.9（2023.6 重印）
ISBN 978-7-5361-6653-0

Ⅰ. ①小…　Ⅱ. ①罗…　Ⅲ. ①小学-学科-教学理论　Ⅳ. ①G625.40

中国版本图书馆 CIP 数据核字（2019）第 296351 号

出版发行	广东高等教育出版社 社址：广州市天河区林和西横路 邮编：510500　营销电话：（020）87554152 http://www.gdgjs.com.cn
印　　刷	广东信源文化科技有限公司
开　　本	787 毫米×1 092 毫米　1/16
印　　张	11
字　　数	203 千
版　　次	2020 年 9 月第 1 版
印　　次	2023 年 6 月第 2 次印刷
定　　价	33.00 元

目 录

第二部分 实施策略研究

第三部分　效果评价研究

绪　论

一、小学语文、数学、英语学科案例教学问题的提出

1998 年，笔者参加了客村小学“生动、互动、主动”语文课堂教学模式实验研究。同年 6 月，笔者撰写的一篇题为《如何发挥学生的主体作用》的语文教学成果论文发表于全国中文核心期刊《小学教学参考》第 15 页上，知网全文收录，从此开启了笔者对案例教学的不断探索和研究之路。

传统的灌输式的课堂教学已经不适应当前飞速发展的社会，当今社会呼唤创新型人才，新课标倡导自主、合作、探究式学习。案例教学在课堂教学中的应用就是基于学生自主、合作、探究学习的教学模式，它倡导转变教育观念，变革教学方式，实施素质教育，要求课堂以学生为主体，学生主动学习、主动发展。

信息技术迅猛发展，新冠疫情横空出世，两者不期而遇，迎来了基础教育“双线混融教学”的新时代。不管人们是否情愿，“双线教学”已成事实。“双线教学”由来已久，如何解决彼此割裂、分离的状态，是“双线教学”走向“混融共生”亟须解决的问题。① 笔者顺应时代发展，基于“双线混融视域下”开展案例教学在小学语文、数学、英语学科课堂教学中的应用研究。

① 李政涛. 基础教育的后疫情时代，是“双线混融教学”的新时代［J］. 中国教育学刊，2020（5）：5.

二、小学语文、数学、英语学科案例教学问题的解决过程与解决方法

（一）解决问题的过程

小学语文、数学、英语学科案例教学成果形成历时 22 年。笔者作为项目负责人，发表研究成果论文 32 篇，其中核心期刊 11 篇，获奖 27 项（全国一等奖 2 个、省“优课”1 个、省级一等奖 2 个），出版专著 3 本，编写省教育行政部门审定教材 4 本，主持案例教学方面的省、市级教育科研规划课题 3 个（结题均被评为“优秀”）。课题有独立的网站“乐学园”和独立的微信公众号“教育人人通”，及时发布研究动向和教师们开发的案例，网站上建立了小学语文、数学、英语教学案例库，项目组成员在网站上传案例 539 个，案例教学课程资源建设已见成效。成果的形成经历了校本研究“‘生动、互动、主动’语文课堂教学模式实验研究”（1998—2002 年）、区级研究课题“语文阅读教学中‘综合性学习’教学模式探究”（2003—2014 年）和“案例教学在小学语文、数学、英语学科教学中的应用研究”（2015—2020 年）三个阶段。

第一阶段：“生动、互动、主动”语文课堂教学模式实验研究

1998 年，笔者参加海珠区客村小学“生动、互动、主动”语文课堂教学模式实验研究。这项研究为笔者后来在案例教学中提倡的主动学习、合作学习、效果评价研究打下了坚实的基础。“生动、互动、主动”语文课堂教学模式基本结构如图 1 所示：

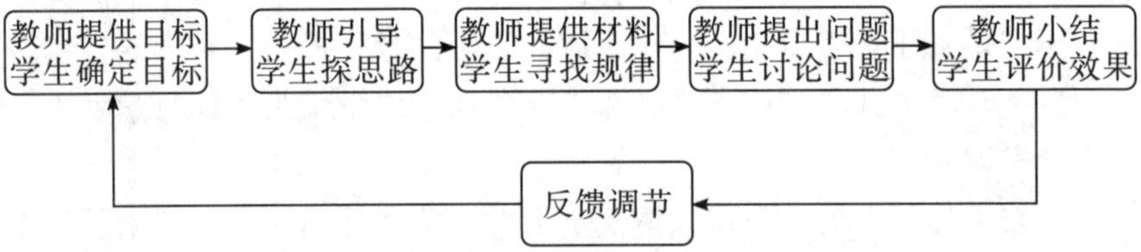

图 1　课堂教学模式基本结构

第二阶段：语文阅读教学中“综合性学习”教学模式探究

2003 年，笔者所在单位赤沙小学有幸成为该课题的实践研究单位，组织语文科组教师开展实践研究。2006 年，笔者的教育研究成果《语文阅读教学中“综合性学习”教学模式探究》获得广州市教育科学研究所组织的广州市教师专业发展与校本科研研讨会三等奖，并被选为研讨交流成果在大会宣讲。此项研究是在前一项“生动、互动、主动”语文课堂教学模式基础上

的推进和提升。语文“综合性学习”课堂教学模式构建课前、课堂、课后融为一体的立体教学体系，为笔者后来提炼案例教学模式提供了丰富的实践经验和重要的理论参考。

第三阶段：案例教学在小学语文、数学、英语学科教学中的应用研究

第三阶段，笔者主持了三个由省、市教育科研规划立项的课题，三度开发推广应用小学学科案例教学，结题均被评为“优秀”等级。

首度开发：2015 年，笔者申报的市级名师专项课题“案例教学在小学语文课堂教学中的应用研究”获得立项，于 2017 年 1 月结题，被评为“优秀”等级。取得的成果有两项：一是小学语文阅读教学中教师使用案例教学的具体操作方法；二是教师使用语文案例教学对学生自主学习、合作探究能力产生的影响。

二度开发并推广应用：2017 年，笔者在案例教学市级名师专项课题的基础上又申报了市级一般课题“基于核心素养的小学学科案例教学研究”，联合广州市海珠区、越秀区、天河区、黄埔区、从化区五区九校，加上广州市帮扶单位清远市阳山县第一小学，以及湖南省双峰县荷叶镇荷叶中学和拱石完小共 12 所学校，在语文、数学、英语三个学科教学中横向合作，深入研究，于 2018 年 12 月顺利结题，被评为“优秀”等级。取得的成果有三项：一是教师使用案例教学促进学生语文、数学、英语核心素养发展的具体操作方法；二是教师使用案例教学对发展学生语文、数学、英语核心素养产生的影响；三是开发了课题独立的微信公众号，组织实验教师开发小学语文、数学、英语学科教学案例。

三度开发并推广应用：2018 年，笔者在前期案例教学研究成果的基础上继续申报省级一般课题“案例教学促进学生核心素养发展的实践研究——以小学语数英课堂教学为例”，获得立项并于 2018 年 9 月开题，再一次联合广州市海珠区、越秀区、天河区、黄埔区、从化区五区九校，加上广州市帮扶单位清远市阳山县第一小学，以及湖南省双峰县荷叶镇荷叶中学和拱石完小共 12 所学校，在语文、数学、英语三个学科教学中横向合作，继续深入研究，于 2020 年 6 月结题，被评为“优秀”等级。取得的成果有小学学科案例教学的基础理论、实施策略、效果评价等实践经验，开发了课题独立的网站，建立了小学语文、数学、英语学科教学案例库。

第三阶段案例教学在小学语文、数学、英语课堂教学中的应用研究是在前两项研究倡导的合作学习，构建语文课前、课堂、课后融为一体的立体教学体系的基础上继续深入研究，并由语文学科扩大到语文、数学、英语三个学科，引进倡导合作学习、主动探究的案例教学。采用案例教学，首先要求

教师针对本节课的教学目标精心开发或选择教学案例，弥补了前两个语文教学模式的目标指向问题，落实了合作学习的具体要求和具体内容，使合作学习更有效，学习目标实施更精准；同时，又继承了前两个语文教学模式主动学习、合作学习、课前课中课后融为一体的立体教学体系的优点，大大提高了课堂教学效率。至此，笔者作为项目负责人共发表小学案例教学研究成果论文 32 篇，其中核心期刊 11 篇；出版专著《做一名思考的教育行者》和《小学语数英学科案例教学论》。案例教学项目开发了独立的网站“乐学园”和微信公众号“教育人人通”，及时发布研究动向和教师们开发的案例。网站上建立了小学语文、数学、英语三门课程的教学案例库，收录了项目组成员开发的案例 539 个，案例教学课程资源建设已见成效。项目负责人的研究成果《基于小学学科课堂的案例教学研究》2019 年 2 月发表于“全国中文核心期刊”“人大复印资料全文转载选录期刊”《小学教学参考》总第 891 期第 1－4 页头版头条“专题论坛”栏目，中国知网全文收录。

（二）解决问题的方法

此项目主要采用“行动研究”。本项目所说的“行动研究”指的是广义的行动研究，根据研究目标和研究内容安排，综合运用多种研究方法与技术，包括文献研究法、观察法、问卷调查法、访谈法、案例研究法等，以解决案例教学在小学语文、数学、英语课堂教学中促进小学生核心素养发展的基础理论、实施策略以及效果评价等教育实际问题。解决问题的思路如图 2 所示。

理论学习阶段主要采取文献研究法：①上知网找文献学习。通过文献综述从理论上解决“什么是案例”这个核心问题。本研究中所指的案例，不是教育培训类案例，不包括整堂课的录像、教学设计、教育叙事故事、课堂笔录，而是在小学语文、数学、英语学科的一节课中，教师围绕小学语文、数学、英语新课程标准提出的单元或课文的训练重点，选择可以帮助学生在学习课文内容时突破某个知识点或重点、难点的一个典型的例子或一组材料。这个案例是带有普适性，在某一类中具有典型性，能帮助学生解决问题，能帮助学生举一反三、触类旁通的例子[①]。②认真研读案例教学方面的专著，结合小学语文、数学、英语课堂教学实际，确定案例的撰写格式，主要参考华东师范大学郑金洲教授《案例教学指南》一书中所提出的条列式，即把案

---

① 徐延宁. 案例教学及其运用［D］. 长沙：湖南师范大学，2002（3）：4－5.

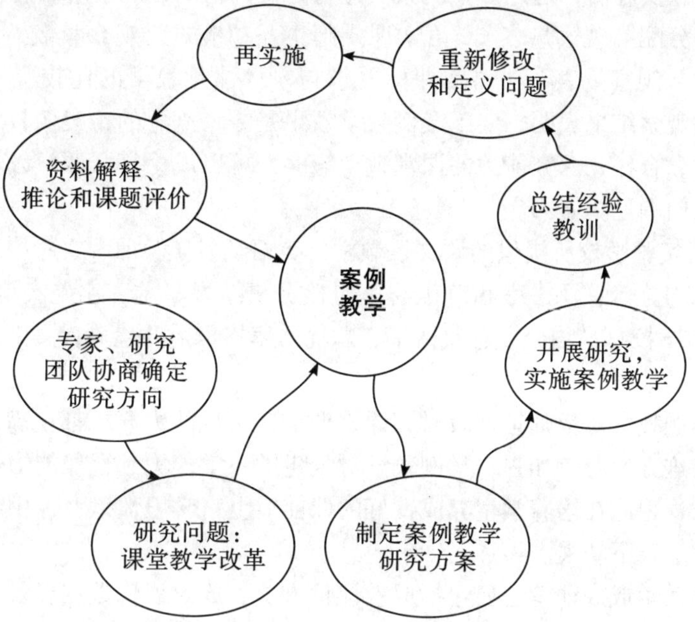

图2 解决问题的思路

例涉及的材料，按背景、问题、解决方法、评论等部分排列起来①。③课题组开展学术沙龙活动，在活动中围绕“什么是案例”“如何撰写案例”这两个核心问题交流探讨释疑，让研究团队所有的实验教师都统一认识，避免因理解不到位而偏离研究方向。

小学语文、数学、英语案例教学实践检验阶段主要采取案例研究法，在实施中反思，改进，再实施，再改进，在实践中不断地摸索案例教学的策略。

案例教学过程评价主要采用5W2H分析法、课堂观察法和测试成绩对比法。

在第一轮实施后，采用5W2H分析法探讨了小学语文阅读教学中案例教学所涉及的为什么要研究（why）、研究主体是谁（who）、研究什么（what）、何时研究（when）、何地研究（where）、怎样研究（how）和研究效果怎样（however）等七个要素，提出了小学语文阅读教学中应用案例教学的具体操作方法以及对学生自主学习、合作探究能力所造成的影响。同时，对同类问题的研究也提供了新思路，积累了原始资料。

① 郑金洲. 案例教学指南［M］. 上海：华东师范大学出版社，2000（6）：205－206.

第二轮实施后，运用课堂观察法进行分析，采用的观察量表有“语文教学资源的分配”观察量表、“语文课堂师生互动模式”观察量表、“互动教学有效性”观察量表、“语文课标要求与录像课堂教学的比较”观察量表等。课堂观察结果表明，实施案例教学效果是令人满意的，案例教学是培养学生自主、合作、探究能力的课堂教学策略，可以成为打开课堂教学改革这道厚厚铁门的“试金石”。

12 所实验学校所提供的语文、数学、英语学科实验前、实验中、实验后测试总平均分、总及格率和总优秀率对比分析结果显示，实施案例教学后，12 所实验学校总平均分、总及格率、总优秀率均呈上升趋势，案例教学在提高课堂教学效率、促进偏远山区和农村地区学校的发展等方面效果尤为显著。但案例教学对教师把握教材和课堂调控、引导能力要求都很高，刚入职的教师在这方面有待加强；案例教学对学生的自学能力、合作能力也有比较高的要求，因此在培养学生养成良好的课前线上自学习惯以及课中线下合作学习能力上要下功夫。

案例教学成效评价主要包括成效评价方法、成效评价数据以及成效评价分析三部分内容，其中成效评价方法主要采用问卷调查法和访谈法。

问卷调查结果显示，实验前期，12 所实验学校里只有课题承担单位广州市海珠区石溪劬劳小学有案例教学的研究基础，其他 11 所实验学校均没有接触过案例教学，可以说对案例教学一无所知。实验中期，实验教师初步了解案例教学的含义，开始精心选取、针对重难点选取案例进行教学，建立案例库。实验后期，随着研究的不断加深，师生对案例教学有了更深的了解和感悟，课题组教师也增加了一种朝气、一种活力、一分自信。经过三年的实践检验，取得了丰硕的教学成果。问卷调查显示家长、学生满意度高。

访谈结果显示，实施案例教学后期，各实验学校的实验教师都能积极运用案例教学法来进行语文、数学、英语课堂教学，都能积极地根据需要自制语文、数学、英语学科教学案例微课，也会从小学语文、数学、英语学科教学案例库中去寻找适合的案例来进行双线教学，课堂教学中都能采用小组合作学习的方式组织学生开展合作学习。

第一部分　基础理论研究

第一章　案例简述

一、案例的定义

案例教学的核心概念是“案例”，要弄清楚什么是案例教学，首先得弄清楚什么是案例。案例是案例教学的主要内容。没有案例，案例教学就无从谈起。在案例教学中，学生的课前自学、课中合作探究和课后拓展评价都离不开案例。案例教学最明显的特征就是使用案例。一个好的案例，是将师生带入一场智慧对话的工具，是教师组织一次精彩教学活动的导火索，是学生明白一个道理、解决一个问题或掌握一种技能的助推器。由此可见，案例在案例教学中处于核心的地位。①

案例教学自古中外有之。而就“案例”而言，至今却没有一个公认的、权威的定义，专家学者对它的描述不一。

“案例（case）”一词，在英文中可以理解为情况、实情、事例、病例、判例等意义。《词源》中记载：“例”为确定之成例，“案”为已成之旧案，合而称之为“案例”。百度百科提出，“案例”，有“个例”“实例”“个案”等几种提法。第6版《现代汉语词典》中的“案例”则有一个法律性的解释，即案例是指某种案件的例子，比如经济案例、典型案例、案例分析。

“案例”在不同的领域有不同的称谓，在商业领域称之为“企划案”，

① 徐延宁．案例教学及其运用［D］．长沙：湖南师范大学，2002.

在医学领域称之为“病例”，在法学领域称之为“判例”，在公安部门称之为“犯罪案例”，在军事领域称之为“战例”，在教学上称之为“教例”等。不同领域的案例教学专家对“案例”有不同的理解。

（一）文献综述

美国哈佛大学教育研究生院（Harvard Graduate School of Education, HGSE）教师教育项目（Teacher Education Program）负责人凯瑟琳·K. 墨西思（Katherine K. Merseth）认为，人们对“案例”的一致性定义为：案例是一种描写性的研究文本，通常以叙事的形式呈现，它基于真实的生活情境或事件。案例总是试图比较客观而又多维地承载着事件发生的背景、参与者等信息，力求情境的真实性。人们编制案例的明确目的是为了进行充分的讨论。案例力图包含大量的细节和信息，以引发持不同观点的案例使用者进行主动的分析和解读。管理案例教学专家 Charles I. Cragg 认为：“一个典型的案例就是一个企业决策人实际所面临的问题的记录，这些真实特殊的问题提供给学生认真分析，分开讨论和对就该采取何种行动作最后决策。”汉森“愿意把案例说成是对真实事件的描写，其中所包括的内容，能足够引起大家思考和争论的兴趣，且富有启发性”。理查特认为，“教学案例描述的是教学实践，它以丰富的叙述形式，向人们展示了一些包含有教师和学生的典型行为、思想、情感在内的故事”。劳伦斯却认为，“案例是对一个复杂情境的记录。一个好的案例是一种把部分真实生活引入课堂从而可使教师和全班学生对之进行分析和学习的工具，它可使课堂讨论一直围绕只有真实生活中才存在的棘手问题来进行。但一个好的案例首先必须是一篇好报道”。

我国教育专家、学者也形成了一些具有代表性的案例定义。例如，华东师范大学郑金洲教授在《案例教学指南》一书中提出：“简单地说，一个案例就是一个实际情境的描述，在这个情境中，包含有一个或多个疑难问题，同时也可能包含有解决这些问题的方法。”① 闽南师范大学伍红霞在论文中提出：“所谓案例：即是一个复杂情境的记录，是一项叙述性事件，尤为重要的是这个事件是真实发生的，且以叙事文体的方式来描述真实的生活情境。”“而语文课程与教学论‘案例’可以界定为：是典型和不典型的语文教学实例，这些实例可以由书面文字、录音、录像、多媒体等多种方式呈现，根据呈现方式的不同可以分为静态类与动态类。”并举出以文字描述师生一段对

① 郑金洲. 案例教学指南［M］. 上海：华东师范大学，2000：1.

话的案例“对话”。[①] 南京师范大学刘娟娟将案例定义为含有问题或疑难情境在内的真实发生的小学数学教育教学中的典型事件。论文中举出以文字描述整个教学过程的案例“两位数乘两位数”。[②] 辽宁师范大学张红梅提出：“数学教学案例是以一节对真实课堂的叙述为主体，学习者通过这节真实的课堂里出现的数学问题、教学法问题等矛盾冲突做出的一篇对编写教师本人，及其他教学研究者（数学培训教师）有启发、提高的一篇关于数学案例的研究文献。”“案例描述应该是一件文学作品或片段，而不是课堂实录，无论主题是多么的深刻，都应该以一种有趣、引人入胜的方式讲述出来。”她在论文中举出的数学教学案例《给我一个证据》中的一个片段，就是文学作品，生动形象地描述了化简有理式这个数学背景下发生的一段教学情境。[③] 西南大学蒋国明举例：“请大家看大屏幕认真阅读这则案例（利用多媒体课件展示案例）。案例：the thirst eyes”。蒋国明所举的案例是一篇英语短文《渴望的眼睛》。他认为“案例”是用已经发生或被记载的事情来帮助说明或证明某种道理的含义。[④] 四川师范大学夏咏梅提出：“围绕有价值的问题选择和组织所要讨论的材料，要从大量的资料中选择出适当的案例，如果没有现成的案例，还要自己动手撰写这些案例，上课时以一定的程序把它呈现出来。”她在文中列举了文字式案例《绝望的丽丽》《树立正确的消费观》等。[⑤] 湖南师范大学杨小英提出：“案例是含有问题或疑难情境在内的真实发生的典型性事件。案例具有真实性、典型性和问题性。”[⑥]

福建师范大学姚艺苹认为，所谓案例就是为了一定的教学目的，围绕选定的一个或几个问题，以事实为素材，以一定的媒介（文字、声音等）为载体，而编写成的对某一典型实际情境的客观描述。她在文中列举了典型的地理环境和地理事件《驶向“巨轮时代”的厦门港》这一案例。[⑦] 内蒙古师范

---

① 伍红霞．案例教学在《语文课程与教学论》课中的应用研究［D］．漳州：闽南师范大学，2015.

② 刘娟娟．“小学数学教学论”课程的教学研究：案例教学的实践与认识［D］．南京：南京师范大学，2004.

③ 张红梅．中学数学教师教学案例的研究［D］．大连：辽宁师范大学，2014.

④ 蒋国明．案例教学在《英语课程与教学论》课中的应用研究［D］．重庆：西南大学，2013.

⑤ 夏咏梅．案例教学在中学思想政治课中运用的策略与方法［D］．成都：四川师范大学，2007.

⑥ 杨小英．案例教学与学生主体精神的培养［D］．长沙：湖南师范大学，2007.

⑦ 姚艺苹．案例教学与中学生地理科学素养的培养［D］．福州：福建师范大学，2005.

大学永莲举出以教学设计方式呈现的案例《工业的区位选择——以喀喇沁旗赤峰金峰铜业为例》和学生收集的家乡的环境污染景观图片与漫画形式呈现的案例《人类主要面临的环境问题》。① 南京师范大学唐陆冰列举了以课堂笔录方式呈现的中学地理案例教学的案例《密度流实验》。②

综上所述，不同领域的案例问题教学专家对案例有不同的理解、不同的审视角度，对案例的描述也不尽相同。国外专家所说的案例，一般是指管理当中发生的典型事例，用文字对其进行完整的描述。我国企业、医学、法律、公安、军事等领域的案例，一般是指该领域所发生的典型事例，用文字或录像把整个事件完整地记录下来，以供后人反思、借鉴或学习。国内教育领域所指的案例分为两大类：一类是教育培训类案例，是指一节完整的课例或者一个完整的教育叙事故事、一个教学设计、一堂课的笔录，专门用于培训师范生，使他们提高教学技能，将来成为合格教师，因此重在分析案例中教师的教学技能。另一类是课堂教学中突破某一个知识点的实例，往往是以事实为素材，以图片、文字、视频、表演等丰富生动的形式来呈现的对某一典型情境的客观描述，其目的是为了更好地完成课堂教学任务，提高学生的各项能力，培养学生的各科素养，重在通过案例提高学生的知识和技能，使学生掌握方法，培养学生的情感、态度与价值观。

（二）案例释义

本书中所指的案例，是在小学语文、数学、英语学科的一节课中，教师围绕新课程标准提出的单元或课文的训练重点，选择可以帮助学生在学习课文内容时突破某个知识点或重点、难点的一个典型的例子或一组材料。案例必须真实、典型，能给学生带来一定的启示和体会。同时，案例还包含了一个或几个疑难问题情境，以及解决问题的方法。案例与一般的例子有所区别。案例作为主线，从始至终贯穿于整节课，引导学生以这一典型例子或一组材料为切口，按照知识点的内在逻辑和层级关系深入挖掘，发散思考，自主完成对知识的认知和理解，最终完成知识生成。案例既是教师教学的抓手，又是学生学习的入手处。举例子主要是辅助教师教学的一种手段。案例可以用文字来描述，也可以用微课、动画、视频、录像、故事等生动的形式来呈现。但不是所有的案例都是微课，也不是所有的微课都是案例。微课只

① 永莲. 基于高中生地理思维能力培养的案例教学设计与实践研究［D］. 呼和浩特：内蒙古师范大学，2013.

② 唐陆冰. 高中地理案例教学研究［D］. 南京：南京师范大学，2007.

是案例的呈现形式之一。本书中所指的案例是把一个知识点讲深讲透，是用来突破重点、难点或某个知识点，帮助教师教、学生学的案例。我们平常所说的教育案例是对一节课的流程、教学方法进行分析，用于培训教师。本书中所指的案例不包括整堂课的录像、教学设计、课堂笔录和教育叙事故事。

案例具有普适性，在某一类例子中具有典型性，能帮助学生解决问题，启发学生举一反三、触类旁通。例如：桂林山水的录像不是案例，但桂林山水的浪漫主义写法是案例，以后写山水可以按这个方法来写。又如，英语课中教学“开音节与闭音节的区别”，学生学完后，在遇到同类的问题时会正确区分开音节和闭音节，达到正确听、说、读英语的目的。再如，数学课运用案例“微课《上下》”，让学生结合小鸟在天上飞、小松鼠在树上、小兔子在草地上这一具体情境和自己的体验描述小动物的位置关系，初步感悟“上下”位置关系的相对性，发展空间观念，以后遇到同类问题时能说出上下位置关系。判断一个例子是不是案例，关键看学生学习了这个例子后能不能举一反三，今后遇到同一类问题能不能运用从这个案例学到的方法去解决问题。案例在教学设计中属于教学准备部分。

二、案例的特点

尽管国内外专家学者对案例的认识与定义各不相同，但是深究起来，运用于教学的案例大致有以下四个特点：

（1）真实性。案例是真实事件的写照。它来源于生活，不是凭借个人的想象力和创造力而杜撰出来的产品。这样，教师才能让学生置身于与案例中的人物一样的特定环境中来思考、分析和解决问题。

（2）典型性。案例是由一个或几个问题组成的、内容完整、情节具体详细、具有一定代表性的典型事例，代表着某一类事物或现象的本质属性，概括和辐射许多理论知识。案例不应是特殊情境中的特殊事件，而应在这一类事件中具有代表意义，并对以后同类事件的解决产生推广价值。

（3）启发性。教学中所选择的案例是为了完成学习目标，突破学习重点、难点或某一个知识点，因此，每一个案例都应能够引人深思，启迪思路，进而深化理解教学内容。

（4）情境性。案例是一个事件或实例，这个实例要有血有肉、具体形象，特别是语文、英语教学案例，要求具体的时间、地点、环境，要让人有一种身临其境的感觉，而不能是一些抽象化、概括化的说明。

因此，教师在开发、选择一个案例时，要注意突出以上四个要素。这有助于学生更好地理解案例、运用案例，促进学科核心素养的发展。

三、案例的开发

教学案例是案例教学的核心和载体。案例教学的效果与案例的质量有很大关系。教师首先要根据语文、数学、英语学科教学目标的要求和学生的身心特点来开发或选择教学案例；其次要选择学生难掌握、容易错的内容来开发案例；最后，开发的教学案例应该是为学生熟知的、容易理解的。根据小学生的特点，开发的教学案例还应该是生动、具体、形象的，以便于学生从形象思维过渡到抽象思维。基于以上因素，教师在开发或选择案例时，要注意以下几个方面。

（一）案例要针对教学目标

教师一定要依据本节课的教学内容，明确学习目标，紧紧围绕单元或课文的训练重点，针对学习重点、学习难点或某个知识点来开发或选择案例。开发案例的目的要清晰、明确，针对性要强。

（二）案例要符合学生知识水平

案例要符合学生的知识水平。一、二年级学生的认识过程中，无意性和具体形象性占有很重要的位置。他们好动，注意力不集中，思维还带有很大的依赖性和模仿性，因此一、二年级的案例要直观、生动、具体，便于模仿。三年级学生自我意识逐渐发展，自觉性、主动性、持久性还比较差，思维正处于由形象思维向抽象思维过渡的时期，但仍以形象思维为主，模仿性强，是非观念淡薄；想象能力也由模仿性和再现性向创造性的想象过渡；良好的道德品质正在形成，但极不稳固。四年级学生正处于由儿童期向少年期转变的过程中，独立意识开始增强，也不满足于接受课堂教学，但自控能力比较差。因此三、四年级的案例应较一、二年级有深度，既生动形象，也能启发学生思维，适当扩大学生的知识面，有意识地引导学生树立正确的人生观、价值观和世界观。五年级学生开始进入少年期，属于半幼稚半成熟交错的矛盾时期。他们自尊心增强，自主性要求日趋强烈，学习兴趣广泛，求知欲望和能力、好奇心都有所增强，对新鲜事物开始思索、追求和探索；开始关注社会现象，有自己独到的见解，但仍缺乏自我约束能力。六年级学生在小学处于大哥哥大姐姐的地位，独立意识和成人感增强，接触社会的面比以前广，吸取的信息也多，对社会现象和国内外新闻比较关心，敬仰英雄和名人，但还不善于正确地判断和辨析。因此五、六年级的案例要更具发散思维，给人启迪，引人深思。

（三）案例要包含疑难问题

一个案例要体现出冲突性、高潮性，必须有多处问题或者疑难问题出现。这是案例本身意义所包含的潜在亮点。要选择学生难掌握、容易错的内容来开发案例。学生能自学掌握或一看就明白的知识就没有必要开发案例，可以放手让学生去自学，培养学生的自学能力。绝大部分课文的重点、难点是学生较难掌握的，需要开发案例来帮助学生学习，但不是所有课文的重点、难点都是学生自学掌握不了的。有些课文的重点、难点并不难掌握，反而有些非重点、难点的知识点较难掌握。例如，有些数学练习题很有代表性，学生不懂得如何做，就需要开发案例来帮助学生学习。有些生字、新词学生很容易写错，有些练习题、语法学生很容易做错，并且更正多次仍然错，这类知识点就需要教师开发一个案例让学生理解并记住。一个优秀的案例会让学生留下深刻的印象，甚至对学生的人生产生很大的影响。

（四）案例要具体、形象、生动

根据小学生的心理特点，在课堂教学中，用具体、形象、生动的形式呈现学习内容，更能激发学生的学习兴趣，引起学生的注意，唤起学生的感性经验和思想感情，便于学生理解抽象的事物，提高理解能力和思维能力，培养核心素养。

四、案例的分类

根据不同的分类标准，案例可以分为不同的类型。按其性质，案例可分为描述性案例和分析性案例。按其内容，案例又可分为专题性案例和综合性案例。[①] 案例根据教学意义可以分为正面案例和反面案例，根据案例所包含的信息的完整程度可以分为完全型案例和不完全型案例，根据案例收集整理后的呈现方式可分为条列式案例和实录式案例，根据案例的教学用途可分为

① 胡振媛. 高职数学案例教学探究［D］. 济南：山东师范大学，2007.

讨论案例、作业案例和阅读案例。此外，还可以依据适用范围、涉及领域等维度进行分类。

根据近年来国内教育专家关于课堂教学案例的描述，按照不同的角度，可以将课堂教学中的案例划分为以下类型。

（一）按功能分类

依据不同的功能，课堂教学案例可以分为教育培训案例、德育教育案例和课文教学案例。

1. 教育培训案例

教育培训案例主要用来培训师资。教育培训案例包括三类：第一类是静态案例，可以是一篇完整的课堂教学实录、一篇教学设计，也可以是语文案例丛集，比如于漪主编的“听名师讲语文”系列丛书等。第二类是动态案例，即课堂教学录像案例。第三类是改编案例，即教师根据教学目标对一些典型的教学案例进行改编，以满足教学需要。

2. 德育教育案例

德育教育案例主要用于思想教育。这类案例的目的是让人明白一个道理，启发人思考、引以为戒或开拓创新。其明显特征是真实性、典型性、故事性、目的性和叙述性。德育教育案例一般是一个真实的教育叙事故事，叙述发生在一个真实教育情境中的、蕴含一定的教育道理、能启发人思考的、具有一定典型性的教育故事。在这个故事中必须包含一个或多个教育疑难问题或矛盾冲突，并且有不同的解决办法。德育教育案例包括案例标题、案例主题、分析角度、内容描述、问题与讨论、专家分析评论六个部分。①

3. 课文教学案例

课文教学案例主要用于课堂教学，即为了完成一定的教学任务，根据一篇课文的内容，或是一道例题等，围绕学习目标，精心设计、开发或选择的典型的教学实例。

---

① 许立新. 教师教育中的案例教学研究［D］. 上海：华东师范大学，2004.

案例 1

创设情境识记单词

——以 morning、afternoon 和 evening 为例①

学习目标：四会学习 morning、afternoon、evening 这三个单词及 Good morning/afternoon/evening. 的用法。

思考：如何有效地记忆单词以及在 morning、afternoon、evening 三个不同的时间段与人打招呼。

播放微课案例：这个案例以动画配音的微课形式呈现。配音内容如下：

孩子们，你们好！今天我们将谈论 morning、afternoon 和 evening。

首先让我们来听一首欢快的歌曲，你们可以和老师一起唱。

现在请看图中的情境：Is it in the morning? Yes, it is in the morning. 我们多读几遍“morning”吧。

下面我们看另一幅图：Is it in the morning, too? No, it isn't. It is in the afternoon. 看图中太阳的位置，我们就会知道这是下午。跟我一起来用音素记忆 afternoon 这个单词的读法。

这里还有一幅图，你怎么看出这是下午还是晚上呢？对了，我们仔细观察，图中的 TV 还亮着呢，说明现在 evening 已经来临了。evening 和 morning 长着一样的“尾巴”，“尾巴”的读音一样，那么我们重点记前面 eve-的读音就容易多了。

我们学了单词，要知道正确地使用哦。当早上遇见好朋友时，我们可以用“Good morning.”与他们打招呼。当我们在下午见到了同学，应当对同学说声“Good afternoon.”晚上见到父母时我们可以向他们问候“Good evening.”现在请同学们跟老师一起来读读这些句子吧。

老师还给你们准备了两个练习。第一个练习，我们把这三个单词和它们的中文进行配对，老师相信你们一定能给出完美的答案。

第二个练习，我们要把具体的时间和打招呼的句子正确地搭配在一起，我想这也难不住你们。

这节课我们学习了怎样使用 morning、afternoon 和 evening 与人打招呼，希望你们都学会了并能学以致用，在生活中做一个有礼貌的好孩子。

小结：本案例用教材第 6 页的歌曲引入课题，创设英语氛围，使学生快

---

① 案例设计：广州市海珠区石溪劬劳小学周娟（2019 年 10 月）。

速进入英语学习情境当中，并起到引出新知的作用。然后逐一呈现表示不同时间的图片，运用自然拼读法（phonics）教授单词、新句，并用多种形式检查学生对句子的理解情况。由词到句子进行操练，符合学生的学习规律。

设计意图：学生对三个时间段进行区分有一定的困难，很难记住 afternoon 这个长单词的写法。本案例用大小不同的太阳和月亮表示不同的时间段，让学生一目了然。用自然拼读法（phonics）学习单词可以让学生举一反三，方便学生自学其他类似的单词。这样的学习流程有利于培养学生“学会学习”的核心素养。

注：针对课文中的学习重点来开发。

（二）按性质分类

依据不同的性质，课堂教学案例可以分为发展理论型案例、分析决策型案例和问题评价型案例。

1. 发展理论型案例

发展理论型案例，就是通过观看一节完整的课堂教学案例，挖掘案例背后的教学理论依据，检验已有的理论水平，利用已学过的教育教学理论知识创造出新的教育教学理论，发展并不断完善学生自身的教育教学理论体系，培养学生的创新能力和创新精神。这种类型的案例一般是一堂完整的课堂教学录像或视频，或者是一节完整的课堂教学的笔录，或者是一节课的教学设计，主要用来培训师范生。

2. 分析决策型案例

分析决策型案例主要是叙述一个真实的、典型的教育故事，呈现故事中的问题或情景，教师不直接提供问题解决的方案，而是由学生去思考、讨论、分析，探索出解决问题的办法，最后形成决策方案。学生在探索的过程中受到教育和启发，同时也培养了综合运用所学理论知识分析问题、解决问题的能力。这种类型的案例，是一个完整的、典型的教育叙事故事，一般用于德育教育。

3. 问题评价型案例

问题评价型案例一般是教师先提出要思考的问题，并提供一个或多个解决问题的方法，让学生课前自学，或课中合作学习，或课后拓展评价，在学习的过程中去分析、比较、理解、评价，从而确定最优答案，解决教师提出的问题，掌握课文知识，达成学习目标，提高选择、判断能力，培养核心素养能力。这种类型的案例一般是围绕一定的学习目标，针对学习重点和难点，或针对一个或多个知识点来开发或选择，是课文教学案例，主要用于课文内容的教学，适用于小学课堂。其呈现方式可以是图像，也可以是文字。本书所指的案例就是这种类型的案例。

（三）按内容分类

依据不同的内容，课堂教学案例可以分为专题性案例和综合性案例。

1. 专题性案例

专题性案例是指针对课文中某一个知识点或某一个问题设计的案例。

案例 2

除法竖式计算的一般方法

——以《“盖房子”：除法竖式》为例

学习目标：理解除法竖式计算的一般方法。

思考：除法竖式计算的一般方法是什么？

播放微课案例：在这个案例中，教师对学生说：“除法的竖式像盖房子一样有意思，让我们通过具体的例子来了解一下吧。除法竖式计算的一般方法是从被除数的高位算起，先算十位，再算个位，数位要对齐。举例：49 ÷ 4。先写一横一撇表示除号，被除数在房子里，除数守在房门口。除法计算要从高位算起，十位上 4 除以 4 的商是 1，写在十位上。1 乘以 4 等于 4，4 减 4 等于 0，算到这里，十位上的除法已经算好了，就像房子已经盖好了一层。回顾一下，十位上除法的计算过程，1 是 4 除以 4 得到的商，4 是 1 乘以 4 得到的积，0 是 4 减 4 得到的差。也就是说，每一位上的除法都要经历除、乘、减的过程。现在接着往下算，因为个位上的 9 没有参与计算，所以这里的 0 不写，个位上的 9 抄写下来继续除，9 除以 4 的商是 2，2 乘以 4 等于 8，9 减 8 等于 1。这里的 1 是余数，要比较一下，1 小于 4，也就是说余数小于除数。最后记得把横式上的得数写上去，所以 49 ÷ 4 = 12……1。三位数除以一位数的计算过程也是一样的。还可以通过儿歌来熟悉除法的计算过程：除法就像盖房子，建个房子是除号，房里住着被除数，除数守着房门口，商就住在房顶上，每层计算除、乘、减，最后剩下是余数，余数要比除数小。

小结：除法竖式计算的一般方法是从被除数的高位算起，先算十位，再算个位，数位要对齐。

设计意图：运用案例微课，通过盖房子这一生动的生活情景，激发学生学习兴趣，形象地引导学生掌握除法竖式计算的一般方法，提高了学生解决实际问题、举一反三的能力，培养了学生实践创新的核心素养。

注：针对课文的学习难点来开发。

2. 综合性案例

综合性案例是指针对课文中多个知识点或多个问题设计的案例。

案例3

抓住事物的特点并把人的活动同景物、风情结合起来描写

——以《威尼斯的小艇》为例①

学习目标：了解小艇的特点和船夫的驾驶技术；学习作者是怎样抓住事物的特点并把人的活动同景物、风情结合起来描写的。

思考：①观察风光图后，朗读课文，想一想：假如你坐在小艇上游览威尼斯，会有怎样的感受？

出示案例“威尼斯风光”图。威尼斯是世界闻名的水乡，城内古迹众多，有各式教堂、钟楼、男女修道院和宫殿。水道两岸有许多著名的建筑。威尼斯整座城市建在水中，水道即为大街小巷，船是威尼斯唯一的交通工具。

小结：威尼斯是世界闻名的水上城市，河道纵横交叉，小艇是威尼斯主要的交通工具，等同于我们大街上的汽车。坐在小艇上游览威尼斯，可以感受到瑰丽的异域风情，美丽迷人，浪漫惬意。

设计意图：观看案例“威尼斯风光”图，初步感知异国风情，提高学生的观察能力，培养学生的审美情趣。

思考：②观察图片，读课文第二自然段，说说威尼斯的小艇有哪些特点，并体会加下划线的词句的好处。

出示案例“威尼斯的小艇”图。威尼斯的小艇有二三十英尺长，又窄又深，有点儿像独木舟。船头和船艄向上翘起，像挂在天边的新月，行动轻快灵活，仿佛田沟里的水蛇。

小结：威尼斯的小艇长、窄、深、翘、轻快灵活，样子奇特。

设计意图：运用案例“威尼斯的小艇”图，突破重点“小艇的样子”，

---

① 案例设计：广州市海珠区石溪劬劳小学王歆狄（2018年5月）。

学习“抓事物特点来写”的写作技巧，提高了学生的写作能力，扎实了学生的文化基础。

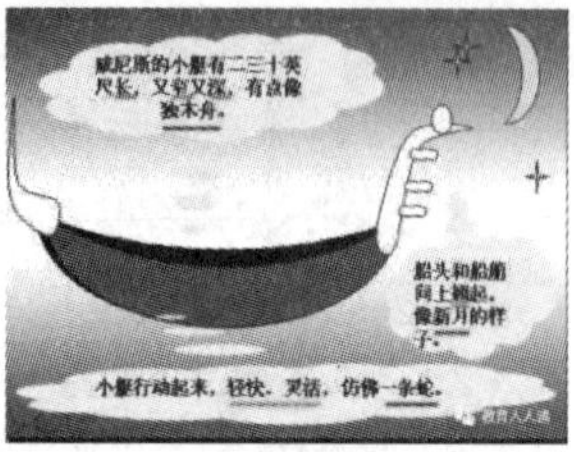

图 3　威尼斯的小艇

思考：③说说小艇和威尼斯人生活的关系，了解威尼斯独特的风情。

出示案例“半夜戏院散场后的威尼斯”视频。半夜，戏院散场了，一大群人拥出来，走上了各自雇好的小艇。簇拥在一起的小艇一会儿就散开了，消失在弯曲的河道中，传来一片哗笑和告别的声音。

图 4　视频

小结：威尼斯是水上城市，威尼斯的小艇与人们的生活息息相关，起着运输作用，也是人们出门的步行工具。白天，小艇出动，城市喧闹；夜晚，小艇停泊，威尼斯就沉寂了。这一静一动的描写形成对比，更衬托出小艇在人们生活中的重要作用。

设计意图：运用案例“半夜戏院散场后的威尼斯”视频，突破重点“小艇与人们生活的密切关系”，解决难点“把人的活动同景物、风情结合起来描写”，提高了学生的写作能力和思维能力，培养了学生的科学精神。

注：针对课文的学习重难点来开发。

（四）按形式分类

依据形式的不同，课堂教学案例可以分为文字材料案例和图像案例。文字材料案例主要以文字的形式呈现案例内容，包括案例的主要情节和数据；图像案例主要以图像符号的形式呈现案例的内容。相比之下，后者更为直观、形象，蕴含丰富的地理信息。

1. 文字材料案例

文字材料案例就是用文字材料来呈现一个真实的故事或情境的案例。这个故事或情境具有典型性，包含了一个或多个疑难问题，让学生去思考、分析、讨论、评价，最后得出最佳答案，形成决策方案。

案例4

类　推　法
——小学六年级数学计算题

学习目标：学习类推法。

思考：这道题怎样类推？类推的原理是什么？

出示案例：

$$
\begin{aligned}
1234+2341+3412+4123 &= 1\times1111+2\times1111+3\times1111+4\times1111\\
&= (1+2+3+4)\times1111\\
&= 10\times1111=11110
\end{aligned}
$$

进而类推：

$$
\begin{aligned}
&23456+34562+45623+56234+62345\\
&=2\times11111+3\times11111+4\times11111+5\times11111+6\times11111\\
&=(2+3+4+5+6)\times11111\\
&=20\times11111\\
&=222220
\end{aligned}
$$

$$
\begin{aligned}
&45678+56784+67845+78456+84567\\
&=4\times11111+5\times11111+6\times11111+7\times11111+8\times11111\\
&=(4+5+6+7+8)\times11111\\
&=30\times11111\\
&=333330
\end{aligned}
$$

小结：依此类推，通过举一反三，让学生将从一个案例中学到的运算规律类推到同一类型的其他题目的运算当中去。

设计意图：运用案例，举一反三，融会贯通。

注：针对学习难点来开发。

2. 图像案例

图像案例是指用图片、录像或视频、声音等多媒体形式呈现典型事件或情境的案例。可以用一个视频来记录一个知识点的解决过程，或用一个动画展示问题的解决方法，或用声音来解说疑惑，或用一张图片来展示某一个场景或一项成果。图像案例在地理课中运用得最为广泛。比如，喀斯特地貌、丹霞地貌、冰川地貌、海洋地貌等。

五、案例的撰写格式

华东师范大学郑金洲教授提出："在师资培训中，案例的格式主要有两种，一种是实录式，即把实际发生的事件原原本本地记录下来，在最后提出一系列供参考、讨论的问题。这种形式的案例一般放在案例教学稍后的一段时间，因为它缺乏足够的背景介绍，问题的陈述也是隐含在事实材料之中的，因而理解和掌握都有着一定的难度。另一种是条列式，即把案例涉及的材料，按背景、问题、解决方法、评论等部分排列起来。这种形式的案例相对前者较为容易，可放在案例初学时期。在案例的撰写上，一般也是先条列式后实录式。"①

小学课堂教学中应用案例的撰写格式主要参考郑金洲教授所提出的条列式，即把案例涉及的材料，按学习目标（对应"背景"）、思考（对应"问题"）、案例主体（以微课、动画、图片、录像、视频、文字等方式呈现的内容，对应"解决方法"）、小结和设计意图（对应"评论"）的顺序进行排列。

（一）实录式教学案例

实录式教学案例一般用于教育培训。它以教育教学事件发展的实际情况为主线，把过程原原本本（可进行适当润色）地记录下来，其中包括对事件发生的背景情况的陈述，事件中师生的问答交流及动作表情、心理活动的描写，课堂某一时刻的特殊场景的说明等，最后再提出一系列供讨论分析的"案例讨论问题"。如"哈佛数学案例发展计划"提供的20个案例，格式都是实录式的，其中大多数案例都是以第三人称叙述的情景故事，也有一部分案例是教师自己的回忆记录，这种形式的案例一般放在案例教学稍后的一段时间。

① 郑金洲. 案例教学指南［M］. 上海：华东师范大学出版社，2000.

案例 5

《鲸的进化过程》课堂实录

教师：下面我们来介绍一下鲸的进化。我给你们看一张图，请一个同学来做解说员，告诉大家鲸是怎么进化的。大家看一看第二自然段。

（教师用 PPT 播放“鲸的进化”图，也就是教学案例。图片一播出，下面的学生就惊呼起来。）

教师：请结合第二自然来说，先看看书。

（不久，有学生举手。一位女学生的手举得很高，教师点了她上台做解说员。）

学生 1：鲸原来有手、脚、尾巴，后来，尾巴变成了鱼的尾巴，手变成了鳍。随着陆地的变化，它们慢慢地适应了海洋生活。

教师：动物的手和脚更准确的表述是什么？

（学生抢着回答：“四肢。”）

教师：对！

（学生抢着要上台，教师又点了一位学生。）

学生 2：鲸一开始像小狗一样，四肢比较细长。由于海水侵入陆地，它们的四肢越来越短，最后退化成了鳍。尾巴本来是很细很长的，最后变成了扁平的形状，鳍也是由较短演变成很大。

教师：那它的生活环境刚开始在哪里？

学生 2：先是在浅海。

教师：远古时代呢？

学生 2：远古时代鲸生活在陆地上，后来因为环境的变化，鲸先生活在浅海，最后到中部海域，再到深海。

教师：前肢完全进化成了鳍，后肢完全退化，讲得很好。还有谁来说？

（许多学生又把手举得高高的，教师又点了一个学生上台解说。）

学生 3：鲸之前在陆地上奔跑着，可是由于环境的变化，它们的生活空间逐渐变小，然后生活在海里，后来经过一千年的演变，慢慢地进入深海区，前肢变成了鱼类的鳍，尾巴慢慢变得厚大结实，后肢慢慢缩短，后来就不见了，完全退化了。

（学生们被这位同学生动风趣的解说逗得哈哈大笑。举手的学生越来越多，显然对以上回答还不满足。又有一位女生上台解说。）

学生 4：原来鲸像豹子一样可以在草地上奔跑，慢慢地随着环境的变化，四肢逐渐退化了，变成了鳍。慢慢地它们生活在浅水中，最后它们适应了海洋生活。

教师：在他们的基础上，你有哪些讲得更清楚的？要超越前面的内容。

（学生们迫不及待。有的已经站起来，有的在喊："老师，我来!""老师，叫我!"一名男生抢得机会。）

学生5：鲸的祖先原本在白垩纪时代就已经有了，是一种爬行动物。到了白垩纪中期，它的尾巴就逐渐变成了扁平的像鱼一样的尾巴。到了白垩纪末期，它的前肢就变成了鱼的鳍，后肢退化消失，适应了海洋生活，变成了适应海洋生活的哺乳动物。

（下面的学生不由自主地鼓掌，掌声热烈。气氛非常活跃。）

教师：都懂了吗，有没有疑问了？

（下面的学生又把手举得高高的，显然有很多疑问。教师引导学生进入质疑问难、学生答辩环节。）

学生6：有很大的疑问。如果它的前肢没有退化，那它在海洋里能生存吗？

学生5：如果它的前肢没有退化，那它只能在陆地上生活，在海洋里会被其他鱼吃掉。

学生7：什么是白垩纪？

学生5：白垩纪是在6500万年前。

学生8：很多动物都已经灭绝，为什么鲸能坚持那么多个时代而不灭绝？

学生5：到了白垩纪末期，鲸已经进化成能够在海洋里生活的哺乳动物，它便逃过了一劫。

学生9：为什么鲸的前肢没有完全退化，后肢却完全退化？

学生5：要是它的后肢不完全退化，它就变不成鳍。它的前肢没有完全退化，可能因为它要用前肢转变方向。

教师：鲸的体形的变化肯定是为了更好地适应这个环境。

（教师及时点评。）

学生10：鲸的祖先有没有可能变成恐龙那样？

学生5：鲸的祖先如果变成恐龙那样，早就灭绝了。恐龙的前肢很短，像这样（男生把双臂蜷缩起来，做恐龙前肢状，那滑稽的样子引得同学们哄堂大笑）。恐龙后肢又粗又大，很长，适合在陆地上生活。

（全班学生再一次报以热烈的掌声。这时，又有几个学生举手，要求提出质疑。因为时间有限，教师要求学生把问题留到课后。"鲸的进化过程"这个知识点的教学到此结束。这一知识点的突破共用了10分12秒。）

思考：这个教学片段中，教师采用了什么教学方法来教学？你从中学到了什么？

（二）条列式教学案例

本书中的案例采用条列式教学案例的撰写格式，主要包括标题、学习目标（背景）、思考（问题）、案例主体（解决办法）、小结和设计意图（评论）五个部分。如果有说明、注释，就写在最后。基本模式如下：首先写出标题；接着把本案例涉及的材料按背景、问题、解决办法、评论的顺序组织排列起来。课堂教学案例的背景部分包括学习目标。问题部分就是教师提出的思考题。解决办法部分包括通过微课、典型的图片、视频、录像、音频或文字来呈现事物的某些特点或解决问题的思路、策略。评论部分一般是小结和设计意图，设计意图内容包括通过思考、讨论、分析这个案例，对学生有什么帮助，完成了什么教学任务，达成了什么目标，提高了学生什么能力，培养了学生什么核心素养。最后注明本案例是针对什么内容来开发的。

第二章　案例教学简述

一、案例教学的定义

案例教学是在教师指导下，根据一定的教学目的，选择带有启发性的典型案例，通过师生之间、生生之间的多向互动、平等对话和积极研讨等形式，引导学生阅读、思考、分析、讨论、表达和交流，让学生感悟、理解和掌握知识，培养学生分析问题和解决问题等核心素养，使学生学会自主、合作、探究式学习的一种教学方法。

本书所说的案例教学是指在小学语文、数学、英语的一节课中，教师围绕新课程标准提出的单元或课文的训练重点以及本课所涉及的教学内容，选择一个典型案例或一则材料作为主线，从始至终贯穿于整节课，引导学生以这一个案例或一则材料为切口，按照知识点的内在逻辑和层级关系深入挖掘，发散思考，自主完成对知识的认知和理解，最终完成知识生成的教学方式。①

例如，为了突破《桂林山水》一文“总分总结构”和“抓住事物特点来写”这一训练重点，教学中，为了让学生感受桂林山和漓江水的特点，实验教师精心挑选了桂林独具特色的山景“老人山”“巨象山”“骆驼山”“锦屏山”“竹笋山”和一些危峰怪石等，还特制了一幅突出漓江水特点的江

① 李少扬.“一例贯之”法在高中政治课《价值与价值观》一节中的应用［D］. 长春：吉林师范大学，2015.

景：一个渔翁划着一艘小竹筏在清澈见底、水平如镜、犹如一块碧绿的翡翠的漓江上荡漾。教师用这组素材来开发案例，通过山清水秀、渔歌唱晚的富有诗意的、突出桂林山水特点的录像来呈现，让学生带着“桂林的山和漓江的水各有什么特点”和“这篇文章的结构是怎样的”这两个问题去观看案例。学生通过观看案例，有了直观的感受，再品读课文，加上积极开展小组讨论，在品读欣赏、小组合作探究、全班交流汇报中归纳、总结出桂林山奇、秀、险和漓江水静、清、绿的特点，以及总分总结构，从而学会“抓事物特点来写”和“总分总结构”的写作方法，同时仿写一篇描写山水的作文，激发对祖国大好河山的热爱。

二、案例教学的条件

没有案例，案例教学就无从谈起。案例教学的实施首先要变革教学内容，建立案例库。有了丰富的案例，案例教学才能顺利开展。任何一种教学都是在一定的学习环境中进行的，案例教学重视小组合作学习和全班交流，对学习环境的要求更高，比如电教设备、网络资源库、图书等，尤其是课桌椅的排列对案例教学效果的影响更大。案例教学以学生为主体，因此要求学生要转变以往传统的被动接受的状态，在学习过程中主动学习、主动探究。由此可见，案例教学不只是一种教授法，还是一种学习法。案例教学对教师的要求也较高。教师不仅要有深厚的专业知识、崇高的敬业精神，还要有很强的组织能力、引导能力。在案例教学中，教师不能仍像以往那样热衷于自己讲授，整堂课自己唱主角，而是要转换角色，做一个引导者；教育观念也不能停留在传递书本知识上，而是要转换到培养适合社会的全面发展的人才上来。

（一）对案例的要求

案例必须围绕新课程标准提出的单元或课文的训练重点、难点或某个知识点来开发或选择。偏离了单元或课文训练重点、难点或知识点的案例不能称之为课堂教学案例，也不能运用到课堂教学当中去。课堂教学案例能帮助学生学习课文知识，解决学习过程中遇到的困难，并在学习的过程中培养核心素养。

案例必须具有普适性，在某一类例子中具有典型性。案例必须反映本堂课中训练重点、难点或知识点的典型特征和一般规律，要能揭示其内在联系和基本原理。同时，这个案例比较普遍地适用于同类对象或事物的性质，源于事物的共性和规律，不受时空影响。

案例必须能举一反三、触类旁通。触类旁通是指掌握了解某一事物的变化、趋势及规律，从而类推了解同类的其他事物的变化、趋势及规律。例如，语文课堂教学中，通过案例教学，使学生了解掌握总分总结构的写作方法，从而类推了解同类作文中采用总分总结构的写作方法。数学课堂教学中，通过案例教学，使学生了解掌握工程问题的解题方法，从而类推了解同类题型中的工程问题的解题方法。英语课堂教学中，通过案例教学，使学生了解掌握现在进行时的变化规则，从而类推了解同类句型中现在进行时的变化规则。举一反三是指列举出一件事情，进而以此类推知道其他许多事情。例如，语文《藏戏》一文，列举出案例“白面藏戏”，按照道具、舞台、演出时间等说明白面藏戏的特点，进而知道藏戏另一流派“青面藏戏”，进而类推到中国的五大戏曲剧种京剧、豫剧、越剧、黄梅戏、评剧，进而类推到世界戏剧，再从戏剧的种类类推到戏剧的容量大小、表现形式、题材以及戏剧冲突的性质及效果。通过举一反三，大大扩宽学生的知识面，拓展学生的思维。

案例必须能给学生带来启示和体会。案例包含多种疑难情境，能启发学生深入思考，引起学生的共鸣，从而激发学生产生某种思想情怀和深切体会。例如，语文《海岛“尝瓜会”》一文的教学中，教师通过案例《海岛尝瓜会》让学生了解到战士们在艰苦条件下，想方设法通过人工授粉，让西瓜长出来是多么不容易的事情，再让学生想象战士吃瓜的画面，模仿战士们吃西瓜时的神情和动作，去体味战士们扎根海岛、改造海岛、保卫着海岛的爱国情怀，激发学生热爱祖国的思想感情。学生学习了数学案例《用表格整理信息和优化方法来解决实际问题——以〈应用估算解决实际问题〉为例》以后，就会借助表格来整理比较多的信息和数据，使信息和数据更加清晰直观。一方面注重培养学习阅读理解能力，另一方面在解决问题方法多样化的时候要优化方法，选择合适的方法解决问题，以此培养学生分析问题和解决问题的能力。在英语《区分 farm animals 的复数形式》案例教学中，教师利用歌曲、猜谜语（riddles），通过对比与小结，激发学生的学习兴趣和热情，复习巩固 farm animals 的单复数形式，提高学生的记忆和理解能力，培养学生乐学、善学的核心素养。

（二）对学习环境的要求

环境对教学效果起着十分重要的制约作用。案例教学一般要经历个人自学、小组学习和全班交流几个步骤，因此，学习环境对案例教学效果的影响更大。学习环境包括学习资源的提供、设施设备、教室课桌椅的排列等。

1. *学习资源方面的要求*

现在大家公认的学习资源定义是美国教育与传播学会（AECT）所下的定义。在AECT1977年的定义中，学习资源分为“设计的资源”和“利用的资源”。在AECT1994年的定义中，学习资源是支持学习的资源，包括教学材料、支持系统、学习环境，甚至可以包括能帮助个人有效学习和操作的任何因素。也有人认为，学习资源是指在教学系统和学习系统所创建的学习环境中，学习者在学习过程中可以利用的一切显现的或潜隐的条件。案例教学中的学习资源主要包括显现资源和潜隐资源两大类。显现资源包括图书馆、班级图书角、电视、电影、微信、QQ、案例资源网站、报刊、教参教材、音像视频、文化墙、板报以及教师精心开发的案例库等。潜隐资源包括社会、家庭、社区、学校、班级、教师、同学以及学生所处环境的学习气氛等。比如，教学《有的人》一课时，教师课前布置学生通过网络或图书查找收集这首诗的写作背景，选择重要信息，把资料整理成100字左右的背景介绍；还布置学生课前根据教师提供的资源包或自己查找资料，联系本单元学习的其他课文内容，在小组内互相交流，理解诗句的含义。学生课前通过查找资料、小组交流，对课文内容有了初步的了解，为课中开展案例教学做了铺垫，案例教学效果会更好。

案例教学最重要的显性学习资源就是案例。比如，教学教科版英语六年级上册《A country life——What are those farmers doing?》一课时，教师在课前推送案例《What are those farmers doing?》给学生自学。这个案例以微课的形式，利用图片呈现动词短语，按节奏来读小诗，并在巩固动词短语的同时加入动词的-ing形式，为现在进行时What are those farmers doing? 的回答做铺垫。利用小故事中duckling与mother duck之间的对话，呈现农民的劳动场景，巩固现在进行时What are those farmers doing? 的问答。最后是给图编号的听力练习。学生在课前自学了这个案例，又与小组进行了交流讨论，对现在进行时的知识已经有了一定的了解。课中开展案例教学时，学生围绕着这个案例继续深入学习，将学到的现在进行时知识举一反三地运用到其他的劳动场景中去，这样大大激发了学习兴趣和热情，提高了理解能力，知道了食物来之不易，懂得一分耕耘一分收获，培养热爱劳动、尊重劳动人民、爱惜劳动成果的良好品质，培养积极思维和乐学的核心素养。案例教学潜隐资源中的家庭教育对学生的影响很大，父母等亲人的一举一动、一言一行，就是孩子从小模仿学习的案例资源。父母等亲人的价值观念也直接影响孩子人生观、世界观、学习观等的形成，甚至影响孩子一生的发展。案例教学潜隐资源中的学习气氛对案例教学效果的影响也很大。学生个体自学习惯的形成、小组合作学习的气氛、班级研讨的氛围都极大地影响着学生的学习。有的班级班风很好，民主平等、团结友爱，互帮互助、好学上进，平时就重视生生之间、师生之间的交流沟通，在课外开展小组合作学习，在课内开展组际交流、全班交流，给学生充分发表想法的机会，鼓励学生大胆说话。久而久之，不喜欢说话的学生也会跟着大家开口说话，不喜欢交流的学生也会受到其他学生的影响，愿意和同学们打成一片，不喜欢学习的学生也会在其他学生的鼓励下积极投身到学习当中去，班级就会形成学生积极思考、勤于学习、善于合作探究、你追我赶的良好风气。这种良好的学习氛围正是案例教学所必需的。

2. 设施设备方面的要求

案例的表现形式多种多样，可以是文本、动画、视频、微课、录像、声音、图片等，因此较之以前，对设施设备方面有了更高的要求。随着社会的进步、科技的发展，人们的生活水平越来越高，现在除了特殊地区、特殊情况外，基本上家家有手机、电脑，网络也覆盖了中国大部分地区，这为案例教学的开展打下了良好的物质基础。为了配合案例教学的顺利开展，课题组开发了“乐学园”网站，建立了网上案例库。只要在有网络的地方，教师随时可以进入案例库学习，大大方便了教师教和学生学，也为案例教学提供了最基本的平台保障。比如，课前学生可以上“乐学园”网站案例库中自学教师课前推送的案例，课中教师可以打开课室电脑，通过平台播放案例给学生学习，课后学生在家还可以反复地上案例库复习并运用今天学习的内容去做同类题目。为了使案例教学能顺利开展，取得良好的效果，要求家庭至少要有网络、手机或电脑，学校教室里至少要配备网络和电脑平台。

3. 课桌椅排列方面的要求

案例教学中，课桌椅的排列直接影响学生参与的积极性以及案例教学的效果。课桌椅的排列要做到学生与学生之间能够面对面地交流，教师能清楚地看到和听到学生的反应，案例教学才能取得良好效果。课桌椅排列方式有秧田形、马蹄形、马蹄组合型、圆形等。秧田形是我国传统的课桌椅排列方式，这种排列方式不适合案例教学，只适合单向的交流，如教师传授学生接受的传统教学模式，或者是开办讲座，不需要双向互动的交流。马蹄形课桌椅排列，在教师正对面位置上的学生容易引起教师注意，与教师互动机会比较多，而其他在教师视线之外的学生互动机会较少。马蹄组合型的空间构成更有利于学生在课堂中相互交流。圆形座位排列使师生处于平等关系，从空间特性上消除了座位的主次之分，大家都是面对面，师生之间、生生之间交流方便，大家互相可以听到对方讲话，也可以看到对方的表情，大大促进了师生之间、生生之间的交流讨论。由此可见，马蹄组合型、圆形课桌椅排列符合案例教学的要求。①

（三）对学生的要求

案例教学是一种开放式、互动式的教学方法，这就要求学生养成主动学习、合作学习的习惯，具备独立思考、探究创新的能力。

1. 要求学生养成主动学习的习惯

案例教学以学生为主体，要求学生主动学习、主动探究，在探究的过程中学会知识，培养能力。案例教学要求学生课前个人自学，如果学生没有养成主动学习的习惯，课前个人自学就会成为一句空话，案例教学也就不能取得好的效果。在实验中发现，平时主动学习、学习态度好的学生课前个人自学案例效果很好，而平时学习态度不好、经常欠交作业、没有养成预习习惯的学生课前个人自学环节基本无效，无法在课堂上与小组或者全班交流。因此，在案例教学前或进行中，首先要着手培养学生主动学习的良好习惯，平时坚持布置学生预习新授课内容。布置学生预习时一定要有预习提纲、检查、批改、评价跟踪，每一步都要严格落实。坚持做下去，学生就会慢慢养成预习的习惯。学生预习习惯形成了，课前个人自主学习案例也就能够落实。课前自学案例需要学生去查阅相关资料，才能弄通弄懂，这样无形中加深了学生对知识的理解，而且主动学习也为课中围绕案例合作探究打下良好的基础。课中合作探究环节更是要求学生要有主动学习的习惯。课中小组合作学习要求学生积极参与，每位组员都要发言。如果学生不主动，那么合作学习这种形式很容易造就“南郭先生”，所谓的小组合作学习就会成为“放羊”，因此，要想使合作学习有效，学生主动学习习惯的养成非常重要。

2. 要求学生养成合作学习的习惯

案例教学是一种互动式的教学方法，要求学生具备沟通交流、合作学习的能力。课前自学不懂的地方可以通过微信、QQ 群向同学询问，自己懂了的地方也可以通过微信、QQ 群与同学们分享，这其实就是一种沟通能力，也是一种合作学习。案例教学要求课中小组合作探究、全班交流，小组合作

---

① 郑金洲. 案例教学指南［M］. 上海：华东师范大学出版社，2000.

学习有目标、有任务、有组织、有分工，组员之间平等互助、积极参与，每一位组员都是不可缺少的，享有同样的权利，同时也要完成组内分配的任务，每位组员的任务都完成了，才能形成一个完整的答案。这样的小组合作要求每一位学生都要懂得与组内成员沟通交流，要有合作意识、大局意识。在合作学习中，靠单干是行不通的，只有集团队的力量才能完成本组任务，才能在组际交流、全班交流中收到好的效果。

3．要求学生具备独立思考的能力

案例教学中，学生是学习的主人，学生是在自学、与同学合作探究中获得知识、培养能力。与传统的教学方式不同，教师不会手把手教学生怎么去做，而是起引导的作用，主要靠学生自己去思考、去创造，围绕案例中提出的问题去查阅资料，把自己不懂的地方弄通弄懂，课中与同学探讨。学生要事先考虑好自己要发表什么意见，要提出什么问题或分享什么经验；当别的同学提出问题时，要自己思考怎样回答同学的问题；当遇到同学的观点与自己的观点不同时，要想好怎样去提出质疑，怎样去说服同学认同自己的观点。只有通过生生之间、师生之间不断的交流沟通，才能取长补短。这样不仅可以培养学生的交流沟通能力，同时也起到了激励的效果。如果有的学生开始时胆小、不善言辞、不善沟通，教师可以多多鼓励。经过多次锻炼，学生自然会奋发努力、爆发内驱力，超越自己，甚至超越他人，从而积极向上、刻苦进取。所有这些，都需要学生独立思考，因此，案例教学中培养学生独立思考的能力尤其重要。

（四）对教师的要求

案例教学要求教师有深厚的知识储备、良好的专业素养和较强的课堂组织能力，要求教师注重学生的学习过程，有奉献精神。

1．要求教师有深厚的知识储备和良好的专业素养

现阶段基于小学学科课堂教学的案例还不够丰富，需要教师去开发和选择。教师在开发或选择案例时，首先要熟读教材，深入理解课文内容，钻研教参，准确把握教学目标、教学的重点和难点，在此基础上，从这一课众多的学习内容和学习目标中精心选择最难突破的、最典型的、能举一反三的训练点来开发案例。要想找到适合开发案例的训练点，需要教师具备深厚的知识储备，能准确把握教学目标、教学的重点和难点，这也是目前教学中特别强调的一项教师专业能力。另外，教师在开发或选择案例时会涉及其他学科的知识，甚至还会引用社会案例，因此教师必须不断完善自己的知识结构，

才能满足日益丰富的教学案例对教师专业知识的横向需求。其次要选择学生难掌握的、容易错的内容来开发案例，这就需要教师对每一位学生的学习情况了如指掌，从平时的作业中去了解、提取学生难掌握的、容易错的内容，精选出来后进行归纳，精心编制成案例，有针对性地指导学生突破难点、避免错误。根据小学生的心理特点，开发的教学案例还应该是生动、具体、形象的，为学生熟知的、容易理解的，以便于学生从形象思维过渡到抽象思维。要想做到这些，需要教师有良好的专业素养和敬业精神。

2. 要求教师有较强的组织能力

案例教学过程中，学生才是主角，教师在案例教学中不再起主导作用，而是起引导作用，这就要求教师必须转换角色，摆正自己在教学中的位置。教师从台前走到了幕后，如何让小学生能主动在课前自学、课中合作探究，并且真正取得实效，这就需要教师的组织能力。案例教学比传统教学更难组织、更难管理，更需要教师有很强的调控、组织能力。传统教学一般采用的是班级授课制，课桌椅呈秧田式排列，上课时教师讲学生听，统一指令，单向活动，只要教师有足够的威严，下面的学生一般会乖乖地坐听一节课，除了听和写，偶尔由教师点名回答一下问题，不会有其他的活动，因此很好管理。而案例教学仅在课前学生个人自学案例这一环节，教师就需要跟踪学生自学情况。如果不能及时掌握学生自学案例的情况，课中合作探究环节就很难开展。教师如何跟踪学生课前自学情况？一方面要检查自学案例情况，另一方面要建立微信群或 QQ 群，引导学生在微信群或 QQ 群里交流自学案例的心得体会，可以质疑问难，也可以分享自学收获，这样不仅加强了师生之间、生生之间的沟通，督促学生自学案例，同时也检查了学生课前自学案例的落实情况。课中合作探究环节更是离不开教师的调控、组织。小组学习的内容、目标、分工，教师事先都要安排好。小组学习的时间，教师也要及时把握，如什么时候小组学习结束、什么时候开始小组汇报。教师要时刻留意进程，准确下达指令。小组代表陈述、答辩遇到困难时，教师要及时引导解决。学生质疑问难时，教师要巧妙指引其他小组同学释疑解惑。课中合作探究完成后，教师要顺理成章地把学生引入拓展迁移环节，引导学生把学会的知识运用到实践当中去。在案例教学的过程中，教师始终坚守在后台，关注学生的一举一动、一颦一笑，及时调整课堂教学进度，铺陈教学内容。在案例教学中，教师就是一个导演，时刻把握全局，其强大的调控和组织能力能发挥得淋漓尽致。

3. 要求教师注重学生的学习过程

案例教学中，教师不能一味地强调学习成绩，还要注重学生的学习过程。在评价学生时，教师要注重对学生学习主动性、自学能力、沟通交流能力、团结合作精神以及积极思考、勇于创新等方面的评价，注重学生整个学习过程的评价。案例教学不仅要求学生学会知识，更重要的是培养能力和发展核心素养。

案例教学对案例、学习环境、学生、教师都提出了很高的要求。尤其是教师，在案例教学中起着核心作用：案例的开发离不开教师，学习环境的创造离不开教师，学生的学习离不开教师。因此，教师不仅要有精湛的专业水平，还要有强烈的奉献精神。

三、案例教学国内外发展概况

国内外对于案例教学的研究有很多，总体看来，主要涉及案例教学的方法、模式、手段、策略等方面，名称上虽有差异，但内容上具有较多相似性，皆是探讨案例教学应用于课堂教学的方法等特征。

事实上，以案例为教学载体的教学方法自古有之。在国内可追溯到春秋战国时代，在国外可以探寻到古希腊罗马时代。春秋战国时代，诸子百家大量采用民间故事来阐明事理，比如成语、寓言故事，还有大量以“案例”为主的经典作品，如《春秋》《战国策》《史记》《资治通鉴》《黄帝内经》《本草纲目》等。尽管这些伟大的思想家、教育家并没有将该法称之为案例教学法，但他们确确实实将几千年人类的智慧结晶浓缩在简洁生动的事例（案例）中，自觉或不自觉地运用了案例教学法。在国外，该教学法最早亦可追溯到古希腊罗马时代。古希腊著名哲学家和教育家苏格拉底，主要采用对话式、讨论式、启发式的教育方法，通过向学生提问，不断提示对方回答问题中的矛盾，引导学生总结出一般性的结论。他的学生柏拉图将这种一问一答编辑成书，以一个个故事为媒介说明一个一个道理，开辟了西方案例教学的先河。

1870 年，美国哈佛法学院院长克里斯托弗·哥伦布·朗代尔（C. C. Langdell）正式提出“案例教学法”。后经哈佛大学企管研究所所长郑汉姆（W. B. Doham）推广，案例教学法从美国迅速传播到世界许多地方，被认为是代表未来教育方向的一种成功教育方法。哈佛案例教学一般分为三类：一是问题评审型，就是给出问题和解决问题的方案，让学生去评价；二是分析决策型，就是没有给出方案，需要学生讨论分析以提出决策方案；三是发展理论型，就是通过案例发现新的理论生长点，发展并不断完善理论体系。20 世纪 80 年代，案例教学法被引入我国。国内教育界正式开始探究案例教学法则是 1990 年以后的事。

我国当代案例教学法主要以课堂教学作为研究对象，采用的研究方法主要是实证研究，例如访谈法、观察法、问卷调查法、资料收集法，研究的内容主要涉及教学目标的确定、案例的选择、学生自主学习、合作探究、拓展创新、案例教学评价等。主要的研究资料和成果有：赵红构建小学语文案例式教学策略的"兴趣主导模式""情境主导模式""文本主导模式"，从这些角度与模式入手，有效鼓励学生发散思维，自主探究，强化学生的自主学习能力、分析能力和实践能力。① 孙勇玲、刘华军提出案例教学实施操作的五个步骤：明确教学目标，精心选编案例，创设问题情境，开展案例讨论，总结讨论意见。②

吕海霞在《案例教学在初中生物教学中的应用》中系统阐述了案例教学的含义、案例教学现状及存在的问题、案例教学的效果及可行性。③ 张巧文在《案例教学法在小学语文教学论教学中的应用策略研究》一文中提出在教师教育中合理地开发和利用教学案例，可以提高教学质量，解读了案例教学法的源流和性质，提出了案例教学法的作用和意义，明确了在教学中实施案例教学法的步骤。④

案例教学得到了国内外学者的重视，形成了丰富的研究成果。国外的成果主要集中在以下几个方面：对案例和案例教学的概念做了准确的界定，论证了案例教学的功能和作用，落实了案例的开发工作，总结了案例编制的基本原则，对案例教学的实践方面进行了细致研究。国内的成果主要有以下几个方面：对案例教学的理论基础做了很好的梳理，论述了案例教学法的特点，总结了案例选择的原则，明晰了案例教学的操作过程，研究了案例教学的评价机制。

---

① 赵红. 小学语文案例式教学策略的构建与实施［J］. 中国校外教育，2015 - 02 - 20.

② 孙勇玲，刘华军. 案例教学五个步骤的实施操作细节探索［J］. 中小企业管理与科技，2013（33）.

③ 吕海霞. 案例教学在初中生物教学中的应用［D］. 呼和浩特：内蒙古师范大学，2008.

④ 张巧文. 案例教学法在小学语文教学论教学中的应用策略研究［J］. 广西师范学院学报（哲学社会科学版），2011，32（2）.

但是，案例教学也存在着一些问题。目前国内的研究大多偏重于从理论层面探讨案例教学的定义、特点及理论基础等问题。案例教学活动开展不够普遍，案例资源开发不够，真正有价值的教学案例很少。集中于教学方法层面的研究较多，但现实操作的应用性不强。文献型案例较多，实践型案例较少。教师采用案例教学的积极性不高，缺乏有效的激励机制。案例教学只是作为一种教学辅助手段，或者作为一种教学资源，目的是为了诱导学生的学习兴趣，创设一种生动活泼的课堂氛围。本课题的研究正是针对这些不足，主要研究案例教学过程中，在引发学生学习的兴趣和积极性的基础上，引导学生分析讨论案例，积极互动，平等对话，自主学习、合作学习、探究学习，提高学生分析问题、解决问题的能力，发展学生的创造性思维能力，提升学生的核心素养。

四、案例教学的特点

案例教学是教师通过案例情境描述，向学生提出讨论性的疑难问题，让学生以小组形式去分析问题和解决问题。问题可以具有多种解决方式，也可以蕴含深刻的教育思想和矛盾冲突，让学生通过思考来实现学习思维与基本素质的创新发展。关于案例教学的大量研究实践证明，案例教学方法的实施符合学生的认知规律与心理发展需求，同时又具有时效性与针对性，可以有效激发学生的学习热情，促使学生积极主动地参与到课堂学习中来。

案例教学不同于传统教学、范例教学、举例教学，其明显的特点是对真实案例的辨析和解决，更偏向于教学工具策略，具有较强的实践性。学生通过对情境问题的深度分析来获取扎实的技能和知识理论，主要具有以下几个方面的特点：

第一，生动的案例情境性。通过真实案例问题，让学生转化身份和思维角度去分析问题，不同的案例可以让学生体验不同的身份和思维方式。

第二，教学材料的具体性与现实性。学生接触的学习资料不是理论性内容，而是真实的具体案例，可以有效拓展学生的文化视野。

第三，教学内容的互动性与实践性。通过师生与生生互动，让学生从实际案例情境中去内化自身的知识技能。

第四，多元性的教学结果。案例教学中学生通过讨论去探寻问题的多元性结果。教师在课堂组织中提倡丰富多元的个性思维发展，让学生充分发挥自己的个性与想象力，在相互交流启发中获取更多的同类问题解决经验。

（一）案例教学与举例说明的区别

案例教学与举例说明有着本质的区别，具体表现如下：

1. 选用要求不同

案例教学中所应用的案例有严格的选用要求。选用的案例必须具备真实性、典型性、启发性、情境性四大特点，是围绕单元或课文的训练重点来精心开发的，目的是用来突破本节课中的学习重点、难点或某个知识点。而举例说明中选用的例子具有很大的随意性，可以是道听途说的，可以是从报纸、杂志、电视、电影等媒体中收集的，也可以是主观编造的。

2. 地位作用不同

案例教学中的案例作为一节课中的教学主线，从始至终贯穿于整节课，在案例教学中占据中心地位。教师引导学生以这个案例为切入口，开展运用知识、培养能力、陶冶品德的教学活动。这个案例既是教师教学的抓手，又是学生学习的入手处。而举例说明中的例子主要是辅助教师教学的一种手段。

3. 教学方式不同

案例教学以学生为主体，主要通过学生课前自主学习、课中合作探究、课后拓展评价的方式，培养学生的自学能力、思维能力、合作能力和创新精神，达到发展学生核心素养的目的。学生在整个教学活动中居于主要地位，主动接受，自觉积极地对案例进行分析、研究、评价，主动参与度高。而举例说明则以教师为主体，主要是辅助教师向学生说明某一个问题的一种手段。教师在整个活动中居于主要地位，学生被动接受教师传授的内容。

（二）案例教学与范例教学的区别

联邦德国瓦根舍因的范例教学法、苏联赞可夫的“新教学体系”和美国布鲁纳的结构主义教学论并称为20世纪五六十年代最有世界影响的三大教学论流派。范例教学是针对“二战”后联邦德国出现的教材庞杂、学生负担过重及教学质量下降等问题而提出的教学理论，20世纪80年代开始在我国传播。多年来，我国许多教育工作者将范例教学与中小学教学相结合，甚至扩展到高校和社会教育中，取得了不少成果。

案例教学与范例教学的共同点是通过对例子的学习，能够举一反三、触类旁通，实现学习迁移和实际应用，启发学习者独立思考和判断、分析、解决问题的能力。

案例教学与范例教学的不同点是：

（1）产生的背景不同。本研究中所指的案例教学是为了突破课文中的重点或难点而采用的一种教学方法。范例教学则是针对“二战”后德国教学实践中的弊病提出来的。

（2）教学实例不同。本研究中所指的案例是围绕一节课的教学目标，精选本节课中教学的重点或难点开发或选择的典型的、能解决问题的一个例子或一组素材。范例教学中范例的内容则强调一门学科的基本概念、基本原理和基本规律等基本要素，强调能反映学科的基本结构。

（3）教学步骤不同。本研究中所指的案例教学四步骤是围绕目标精选教学案例、案例推送课前自主学习、重点突破师生课中探究、评导引领课后拓展迁移。范例教学在教学过程中分为范例性地阐明“个”、范例性地阐述“类”、范例性地掌握规律、获得关于世界的切身经验四个阶段循序进行。

（三）案例教学与传统教学的区别

案例教学与传统教学目标一致，都是传授知识。但二者有很大的区别，主要表现在以下几个方面：

（1）学习内容不同。案例教学是用案例从始至终贯穿整堂课的教学。案例既是教师教学的抓手，又是学生学习的入手处。整堂课以这个案例作为主线，引导学生以这一个典型的例子或一则材料为切口，按照知识点的内在逻辑和层级关系深入挖掘，发散思考，自主完成对知识的认知和理解，最终完成知识生成。传统教学使用固定教科书，一节课可以讲解许多的知识和技巧。

（2）学习方式不同。案例教学采用的是合作探究的学习方式，课前推送案例给学生自学，课中合作探究，课后拓展迁移。传统教学采用的是“满堂灌”的教学方式，课堂上教师讲、学生听记，课后布置大量作业复习巩固，死记硬背。

（3）学习主体不同。案例教学以学生为主体，学生主动学习。教师是引导者，教师由主角变为配角。传统教学以教师为主角，以教师讲授为主，学生被动接受。

第二部分　实施策略研究

第三章　案例教学的原则和步骤

一、案例教学的原则

（一）学生主体原则

在案例教学中，学生是教学的主体，应把学生放在主动发展的位置上。课堂上学生思维活跃，学习效率就高。创设民主、和谐的课堂气氛是推行案例教学的基础。

案例 6

预　　测

——以《总也倒不了的老屋》为例①

学习目标：明白什么是预测，体验预测过程；初步学会依据题目、插图、文章里的线索以及生活经验、生活常识、阅读经验进行预测。

思考：什么是“预测”？边读课文边看旁批，看看皮皮预测了些什么？他预测的依据是什么？在哪些地方进行预测？

---

① 案例设计：广州市海珠区石溪劬劳小学刘宝敏（2018 年 12 月）。

播放微课案例：这个案例以微课的形式呈现，主要学习《总也倒不了的老屋》的预测写法。案例中有图文配乐和旁白（解说词）。解说词如下：

同学们，大家好，今天老师要和大家一起学习一种阅读策略“预测”。什么是预测呢？大家读故事的时候，一边读，一边顺着故事情节去猜想后面会发生什么，这就是预测。《总也倒不了的老屋》这篇课文告诉我们怎样进行预测，那我们一起来学习吧。

当大家打开课文时，会发现这篇文章与其他文章不一样。是的，在课文的旁边有一些棕色的小字，这些叫旁批。一位叫皮皮的同学在读故事时一边读一边猜想故事后面发生了什么，他把自己的想法记录在课文的旁边，这些旁批其实就是皮皮的预测。在课堂当中，皮皮一共记录了七个自己的预测，那我们来向皮皮学习一下怎样进行预测吧。

请大家边读课文边看旁批，看看皮皮预测了什么，他预测的依据是什么。当皮皮读到题目“总也倒不了的老屋”的时候产生了这样的预测：“老屋总也倒不了，是被施了魔法吗?”我们可以像皮皮那样，从读题目开始就进行预测。

当读到第三个自然段“一个小小的声音请求老屋再过一个晚上行吗”的时候，我们自然会产生疑问：老屋会不会答应呢？皮皮认为老屋会答应，他仔细观察了插图，发现老屋看上去是那么的慈祥，所以猜测老屋会答应。他的预测依据是插图。我们继续读下去会发现，故事与皮皮的预测是一样的，老屋果然答应了小猫的请求。

当读到“小猫刚刚离开，老母鸡又来请求老屋不要倒下”，皮皮预测老屋可能会不耐烦。皮皮这次预测的依据是什么呢？我们在生活中不断被别人打扰，可能也会觉得很烦，所以皮皮是联系了生活经验和生活常识才产生了“老屋可能会不耐烦”这样的预测，但当我们读下去的时候却发现老屋没有不耐烦。当预测和故事的发展不一样时，我们的预测就不合理了吗？不是的，因为我们是根据生活经验得出结论，而作者有自己的想法，所以预测的内容可能跟故事的实际内容一样，也可能不一样，但只要能说出理由，我们的预测就是合理的。

当读到第十自然段，老屋说：“好了，我到了倒下的时候了。”皮皮预测一定又有谁来找老屋帮忙了，这一次皮皮是根据文中的线索进行预测的。大家有没有发现，因为课文前面有两处老屋说了同样的话。老屋说“好了，我到了倒下的时候了”，这时都会有小动物来找老屋帮忙，因而皮皮有了这样的预测。果然，小蜘蛛来找老屋帮忙了。

综合以上，我们发现预测是要有依据的，一般可以根据文章的题目、文中的插图、生活经验和生活常识，还可以根据文中的线索来进行预测。我们读故事时会在哪些地方进行预测呢？回顾前面的学习，我们一般会在读题目时进行预测，在有新角色出场、情节有变化时进行预测，当我们读到重复出现的句子也会进行预测。大家学会怎样进行预测了吗？以后我们读故事时就可以一边读一边预测，然后再看看故事的发展和我们预测的是不是一样，这样大家就可以体验到更多的阅读乐趣了。

小结：我们知道了以后读故事的时候，可以一边读，一边顺着故事情节去猜想。题目、新人物出现时，文中语言多次重复处，都是我们可以停下来进行预测的地方。文章的题目、插图，文章内容里的一些线索，生活经验和生活常识都可以帮助我们进行预测。

设计意图：预测是一种阅读策略，部编版语文教材在三年级上册开始就新增了阅读策略的学习。这个单元的教学与其他单元不一样。文本理解与感悟不再是重点，对预测的学习是这节课的教学重难点。这节课，教师让学生边读故事边对应旁批，既感受故事的趣味，又亲身体验预测，通过教师的引导和同学之间的交流，进一步发现预测的方法。微课的使用更直接帮助学生接受新的知识。

注：针对课文的学习难点来开发。

案例7

用表格整理信息和优化方法来解决实际问题
——以《应用估算解决实际问题》为例①

学习目标：学会用表格整理各种信息和用估算解决实际问题的策略方法，培养自觉应用估算解决实际问题的意识。

思考：妈妈带100元去超市购物。她买了2袋大米，每袋30.6元。还买了0.8千克肉，每千克26.5元。剩下的钱还够买一盒10元的鸡蛋吗？够买一盒20元的鸡蛋吗？

播放微课案例：这个案例以微课的形式呈现，主要学习用表格整理信息和优化方法来解决实际问题。这个案例应用了图文配乐加旁白（解说词）的方式，解说词如下：

同学们，生活中有些问题，根据实际的需求，往往不需要进行精确计

① 案例设计：广州市海珠区石溪劬劳小学侯晰花（2019年7月）。

算，通过推理、估算也能解决。如，超市购物、铺地砖等问题用估算来解决更方便。今天，我们就来学习用估算解决问题。大家看例8：妈妈带100元去超市购物。她买了2袋大米，每袋30.6元。还买了0.8千克肉，每千克26.5元。剩下的钱还够买一盒10元的鸡蛋吗？够买一盒20元的鸡蛋吗？例8提供了哪些数学信息呢？要解决的问题又是什么呢？这就需要我们来阅读与理解。例8提供的信息有：妈妈用100元钱买了2袋大米和一块肉；问题是看剩下的钱够不够买一盒鸡蛋。为了令我们一目了然，可以用表格的形式整理这些信息（见表1）。

表1 信息整理

物品	单价/元	数量	总价/元
大米	30.6	2袋	
肉	26.5	0.8千克	
鸡蛋	10	1盒	

我们明确了题目中的数学信息和要解决的问题，那么怎样才能知道剩下的钱够不够买一盒鸡蛋呢？这就需要我们来分析和解答。解答这道题有三种方法：第一种是用笔算的方法；第二种是用计算器来计算的方法；第三种是用估算的方法。这三种方法虽然都能解决这个实际问题，但经过比较发现，前两种方法相对来说复杂一些，应用估算解决这个实际问题更加方便。下面我们来学习用估算解决这个问题。

先来分析与解答第1个问题“剩下的钱还够买一盒10元的鸡蛋吗”，用估算就能解决。估算：1袋米不到31元，2袋不到62元；0.8千克的肉不到27元；买一盒10元的鸡蛋，合计62+27+10=99（元），所以剩下的钱买一盒10元的鸡蛋够了。

接着，我们来分析与解答第2个问题“够买一盒20元的鸡蛋吗”。我们也来估一估。估算：1袋米超过了30元，2袋超过60元；1千克肉超过25元，0.8千克的肉也就超过了25×0.8=20（元），如果买20元的鸡蛋就超过60+20+20=100（元），所以剩下的钱不够买一盒20元的鸡蛋了。

下面我们来回顾与反思：今天我们学习了两种估算方法，第一种是把价钱都估大些，所以剩下的钱够买一盒10元的鸡蛋；第二种是把价钱估小些，所以剩下的钱不够买一盒20元的鸡蛋。这两种估算方法有什么不同呢？对了，第一种是估大些，第二种是估小些。那么，应用估算方法解决问题时还要注意什么呢？第一，要注意根据实际问题和数据选择适当的估算策略（是估大些，还是估小些或不变）；第二，要注意所有数据要么统一估大或不变，要么统一估小或不变，不能有的估大、有的估小。下面，同学们能应用这节课学到的知识来解决问题了吗？小明想请你帮他解决一个实际问题：妈妈要小明去商店里买1袋牛奶、1瓶醋、4盒抽纸、1条大毛巾、1条小毛巾。牛奶每袋1.25元，醋每瓶1.60元，抽纸每盒3.70元，大毛巾每条6.60元，小毛巾每条2.40元。妈妈给了小明30元，30元买上面的东西够吗？和同桌说说你是怎样估算的呢？选择的估算策略是把商品的价钱估大些还是估小些呢？

小结：在信息和数据较多的时候，用表格来整理信息更直观明了。有不同的方法解决实际问题的时候，我们要优化方法，选择估算来解决实际问题，并且自觉养成用估算的方法解决实际问题的习惯。

设计意图：案例微课《应用估算解决实际问题》中第一环节是阅读与理解，因为题中的信息和数据较多，所以引导学生把题中的信息和数据用表格的形式整理出来，这样我们就一目了然了。在第二个环节分析与解答，学生合作交流思路和方法，得出了三种方法：一是笔算；二是用计算器来计算；三是估算。然后针对这三种方法引导学生赏析评价，重点研讨哪一种方法更合理。在肯定前面两种方法后，着重引导学生分析估算方法：通过提问—设问—追问的思维过程，最后得出用估算来解决实际问题更合理。在第三个环节回顾与反思，通过对比：同样都是估算解决问题，第一个问题和第二个问题所用的估算方法有什么不同？接着梳理：应用估算解决问题有什么好处？最后思考怎样的问题可以通过估算来解决，在估算时要注意些什么。学生经历上述三个解决问题的过程，感受到具体问题要具体分析，能灵活选择解决问题的方法，体验解决问题的乐趣，体会用估算解决实际问题的优越性，也体现了学生才是学习的主人。

注：针对学习难点来开发。

（二）案例趣味化原则

案例教学应该充分挖掘教材中蕴含的趣味性元素，从调动学生的积极性着手，找到学生心理的契合点，与学生的心灵产生共振，才可以轻松地实现课堂目的，增强教学效果。

案例 8

总分总结构的理解与运用
——以《这片土地是神圣的》为例[①]

学习目标：通过理解课文内容，划分部分，弄清各部分的关系，体会人与自然密不可分的关系，体会总分总结构方式的好处；学习运用总分总结构方式的构篇方法。

思考：这篇课文可以分成几部分呢？每部分讲的是什么意思？它们的关系是怎样的呢？

播放微课案例：这个案例以图文配乐加旁白（解说词）的微课形式呈现，解说词如下：同学们，今天我们来学习总分总结构的理解与运用，以《这片土地是神圣的》为例。什么是总分总结构？总分总结构是阅读和写作过程中解析文章的一种结构方式。一般是开头开门见山地提出论点，中间若干分论点，结尾总括论点（或重申论点，或总结引申），几个分论点之间可以是并列关系、层递关系、对比关系等，但不能是包含关系或交叉关系。总分总结构是使用最频繁、最经典的一种文章构篇方式。这种结构可以使长文短写，也可以使短文长批，同时又能省去许多过渡性的文字，写起来省力而形式又新颖，写成的文章简练而清新，可以在有限的篇幅内多侧面、多角度地写人记事，增加文章的容量，更深刻地表现主题。小学语文人教版六年级上册第 15 课《这片土地是神圣的》就是总分总结构的文章。这篇文章被誉为有史以来在环境保护方面最动人心弦的演说，它生动形象地描述了人类与大地上河水、空气、动植物等的血肉关系，强烈地表达了印第安人对土地无比眷恋的真挚情感。下面就请大家快速阅读课文，思考：这篇课文可以分成几部分？每部分讲的是什么意思？他们的关系是怎样的？下面让我们看看，你的答案和老师的答案是不是一样的。这篇课文可以分为三部分：第一部分是第 1～3 自然段，用跳跃式的笔触描述了充满灵性的万物，总写这片土地的每一个部分都是神圣的。第二部分是第 4～8 自然段，表达了西雅图酋长对白人的强烈要求，如果把土地转让了，希望白人能牢记这片土地是神圣的。这部分又分别从善待河流、善待空气、善待动物三个层面来写。第三部分是第 9～11 自然段，进一步阐述了人类和大地的关系，指出大地是人类的母亲，人类属于大地，升华了文章的主题。这三部分，第一部分是总起，第

---

① 案例设计：广州市越秀区清水濠小学许晶云（2020 年 2 月）。

二部分是分述，第三部分是总结。像这样的安排，就是总分总的结构。那这样安排材料有什么好处呢？不但可以使文章层次清楚、脉络分明，而且使文章内容紧凑、首尾呼应，突出印第安人对这片土地无比眷恋的真挚情感。同学们，那我们如何运用总分总的结构方式呢？我们要注意以下三个方面：第一，要根据文章的主题，用简洁、精练的语言提炼出主要内容，作为全文的总起，使读者对文章内容有整体的把握。第二，中间部分描写要具体。根据事物、人物的特点，从不同侧面选择恰当的材料进行描写或介绍，使其特点更加鲜明、形象更加生动。第三，注意安排好各部分内容之间的衔接和过渡，使文章浑然一体、流畅自然。现在，就让我们仿照《这片土地是神圣的》，围绕着自己的家乡的特点，按照总分总的结构，写一篇小练笔吧。

小结：同学们通过把课文划分部分，弄清各部分的关系，体会到人与自然密不可分的关系，体会总分总结构方式的好处，学习运用总分总结构方式的构篇方法。

设计意图：俗话说“授人以鱼，不如授人以渔”。本案例意图通过教给学生总分总的构篇方法，让学生把学到的方法运用到实践当中去，起到举一反三的作用，充分发挥学生的主体作用和创造才干。

注：针对课文的学习难点来开发。

案例 9

学习制作美食的方法
——以《中国美食》为例[①]

学习目标：认识各种中国美食，了解其简单的烹饪过程；通过学习，了解中国的美食文化，从而爱上中国的美食文化。

思考：带“火”和“灬”的字大多与什么有关？制作哪些食物时需要用到这些方法？

播放微课案例：这个案例以图文配乐加旁白（解说词）的微课形式呈现，解说词如下：同学们，今天我们学习制作美食的方法，以部编版语文二年级下册《中国美食》为例。如果用部首查字法查下面的字，请说说你的发现。“灶、焰、烫、煲、焦、烹”这些生字的偏旁部首都与什么有关？我们发现：带“火”和“灬”的字，多与“火”有关。平时我们经常吃的“烤

---

① 案例设计：广州市海珠区三滘小学黄惠仪（2020年2月）。

鸭、水煮鱼”这些中国美食用到哪些烹饪方法？主要用了两种烹饪方法：烤、煮。烹饪方法大多都与“火”有关。请说一说这两种烹饪方法的具体做法吧。图上的“烤羊肉”就是把羊肉调好味道之后放在明火上直接烤熟。“煮饺子”就是在锅里放点水，等水烧开之后把饺子放入锅里煮熟。平时我们还能吃到“葱爆羊肉、小鸡炖蘑菇”，这些中国美食又用到哪些烹饪方法？这两种烹饪方法是“爆、炖”，都与“火”有关。想一想，你熟悉的食物中，还有哪些食物也用到“烤、煮、爆、炖”这四种烹饪方法？例如烤面包、煮面条、火爆黄鳝、炖排骨、烤全羊、水煮花生、宫保鸡丁、炖猪蹄。我们发现：不同的烹饪方法做出的食物味道会有所不同。制作美食的方法还有很多，例如炒、烧、炸、煎、蒸、煮等。请你联系生活说说制作哪些食物时需要用到这些方法？蒸馒头、蒸包子、炸丸子、炒土豆丝都是用不同的方法制作的。同一种食物也可以用不同方法制作。你们经常吃鸡蛋，你知道鸡蛋有哪几种烹饪方法吗？你们吃过炒鸡蛋、蒸鸡蛋、煮鸡蛋、煎鸡蛋等，每天换着不同的做法，肯定不会吃腻。同学们，说说你最熟悉的烹饪方法以及用这种方法做成的美食吧。举个例子，我们可以这样说：我最熟悉的烹调方法是“炒”。用炒的方法做成的美食有炒土豆丝、西红柿炒鸡蛋、炒年糕、炒白菜等。同学们，你的家乡有哪些美食呢？选一种和大家讲一讲这种美食的制作方法或味道、特点等。

小结：①生活色彩浓郁。《中国美食》是一篇图片课文，主要通过各种各样的菜品图片，让学生了解中国的美食，通过认识这些美食学习生字；并通过认识这些色香味俱全的美食，了解中国的美食文化，爱上中国的美食文化。②图文分类易懂。7 种菜肴名，每一种包含着一种烹饪方法。每种菜肴均配有色彩鲜明的图片，图文并茂，让学生在认识菜名的同时又能了解制作方法、理解字义，一举多得。③特色文化鲜明。本课出现的美食均为生活中常见的，利于学生自主朗读以及识记与美食相关的形声字，了解丰富的中国美食，感受中国特有的饮食文化。

设计意图：利用丰富的美食图片，带学生进入中国美食世界，直观感受中国美食品种多样、烹饪手法变化多端的特点，激发学习兴趣。让学生知道制作美食的方法，增进学生对这些字的理解，感受中国丰富而独特的美食文化。

注：针对课文的学习难点来开发。

案例10

Unit 1 Hello Sound Family 的教学
——以 the letters of Aa-Hh 为例①

学习目标：能听、说、读、写字母 Aa、Bb、Cc、Dd、Ee、Ff、Gg、Hh，并学习相应的音素和八个单词的读音。

思考：用什么方法能快速记住 A、B、C、D、E、F、G 八个字母？

播放微课案例：这个案例以动画配音的微课形式呈现，生动形象，趣味十足，有效激发学生的学习积极性。具体内容如下：孩子们，你们好！欢迎来到我的课堂，我是周老师。今天我们将学习字母 Aa ~ Hh。首先让我们来欣赏一首歌曲。你们可以一边听歌曲的节奏一边拍手掌。“A is for apple” 是一首语音歌，请同学们来和我一起重复歌曲中的句子吧：A is for apple. B is for ball. C is for cat. D is for dog. E is for elephant. F is for fish. G is for gorilla. H is for hat. 相信你们通过歌曲已经学会了字母的读音，那么下面我们就来学习一下这些字母的书写吧。请看老师录制的视频，注意它们的写法和它们在四线格中所占的位置。这几个字母中，Aa 和 Ee 是元音字母，所以老师在书写的时候用红色粉笔写出来了。还有小写 f 的尾巴很长，同学们一定要注意哦。你们学会了如何书写字母了吗？下面是老师改编的一个顺口溜，你们可要好好记住它：字母书写有规则，倾斜 5 度正适合，大写总在上两格，高低一致不会错。小写字母也不难，请你记住这几点：有手就用上两格，比如 b、d 和 h；有脚就占下两格，g 的写法要记住；无手无脚写中格，就像 a、c、e 一样；剩下 j、f 不一般，三个格子全部占。孩子们，今天我们学习了字母 Aa ~ Hh 的读音和书写，多多练习这些字母，让它们成为你们的好朋友吧。

小结：首先用本单元学习的句子和学生打招呼；其次和学生一起听一首包含自然拼读法（phonics）的字母歌，让学生找出 A、B、C、D、E、F、G 这八个字母所对应的音素，进行 phonics 的渗透；最后看一段字母书写的视频，让学生进行字母书写的学习，并用顺口溜的形式总结字母的书写规则。

设计意图：为了让学生掌握字母的正确发音、音素和书写，教师先后播放了两次视频，给予了学生正确的语音和书写的示范。TPR 练习活动的设计能引起学生的兴趣，提高学生的记忆力，操作方法简单，有利于学生举一反

---

① 案例设计：广州市海珠区石溪勐劳小学周娟（2019 年 7 月）。

三，培养了学生“学会学习”的核心素养。

注：针对课文的学习难点来开发。

（三）语言形象化原则

世界上没有任何一个学生会对幽默风趣的课堂无动于衷。在列举案例时，如果教师的语言能更形象一点，以学生的理解能力为底线，用生动的语言阐释一个又一个案例，这样的案例教学就是成功的。

案例11

在对比描写中寻找人性美

——以《穷人》为例①

学习目标：在对比描写中感受桑娜和渔夫勤劳、善良、淳朴、富有同情心、宁可自己受苦也要收留两个孩子的美好品质。理解课文内容，抓住重点词句，在对比描写中寻找人性美。

思考：什么是对比描写？作者是怎样运用对比描写来塑造人物的？

播放微课案例：这个案例以微课的形式呈现，以图配音。教师用充满感情的语言叙述《穷人》一文中桑娜和渔夫的故事，引导学生抓住重点词句，在对比描写中寻找人性美。教师叙述案例内容如下：对比描写是文学创作中一种常用的表现手法，是把两种对应的事物对照比较，使人物形象更鲜明，加强文章的艺术效果和感染力。今天，就让我们一起走进《穷人》，在对比描写中寻找人性美。《穷人》一文是俄国伟大作家托尔斯泰所写的短篇小说中的经典之作。小说叙述了生活贫困的桑娜和渔夫主动收养已故邻居西蒙的两个孤儿的感人故事，生动细腻地刻画了桑娜和渔夫这两个善良美好的人物形象，在读者心中留下了铭心刻骨的印象。本文在典型环境的营造、情节的推进和人物个性心理的刻画上，巧妙运用了对比描写的艺术手法进行渲染和铺陈，营造出极端的反差，塑造出光彩有力的人物形象，构成小说巨大的艺术感染力。现在我们就蕴含在本文中的三组对比进行深入解读，开篇首先呈现故事发生的环境：“屋外寒风呼啸，汹涌澎湃的海浪拍击着海岸，溅起一阵阵浪花。海上正起着风暴，外面又黑又冷，这间渔家的小屋里却温暖而舒

① 案例设计：清远市阳山县第一小学李莉萌（2019年7月）。

适。地扫得干干净净，炉子里的火还没有熄，食具在搁板上闪闪发亮。挂着白色帐子的床上，五个孩子正在海风呼啸声中安静地睡着。”屋外环境的恶劣与屋里环境的温馨形成了对比。在这组对比中，我们寻找到了桑娜身上勤劳爱家的品质。邻居西蒙是个寡妇，傍晚时桑娜前去探望，却意外地发现西蒙已经死去，留下了两个弱小的孩子。“桑娜用头巾裹住睡着的孩子，把他们抱回家里。她的心跳得很厉害，自己也不知道为什么要这样做，但是觉得非这样做不可。”从这里我们看到了桑娜行为的果敢。桑娜果断地把孩子抱回家后，内心却是忐忑不安：“他会说什么呢？这是闹着玩的吗？自己的五个孩子已经够他受的了……是他来啦？……不，还没来！……为什么把他们抱过来啊？……他会揍我的！” “不，没有人！天啊！我为什么要这样做？……如今叫我怎么对他说呢？……”从这里我们感受到了桑娜内心的矛盾。桑娜行为的果敢与内心的矛盾形成了对比。从这组对比中，我们寻找到桑娜身上淳朴善良的优秀品质。“丈夫不顾惜身体，冒着寒冷和风暴出去打鱼，她自己也从早到晚地干活，还只能勉强填饱肚子。孩子们没有鞋穿，不论冬夏都光着脚跑来跑去，吃的是黑面包，菜只有鱼。”从这里我们体会到桑娜和渔夫在物质上是贫穷的。渔夫回来后，桑娜告诉他西蒙已死的消息。他皱起眉，他的脸“变得严肃、忧虑”，“搔搔后脑勺”，说明他正在为两个孤儿以后的日子认真考虑。他快速做出了抱养孩子的决定：“得把他们抱来，同死人待在一起怎么行！哦，我们，我们总能熬过去的！快去！别等他们醒来。”从这急劲有力的话语，从“熬”这个词我们再一次深深体会到桑娜一家处境的艰难。可是他们宁可自己受苦，也要收养西蒙的两个孩子，可见，他们在精神上又是多么的富有。物质的贫穷与精神的富有形成了鲜明的对比，从这组对比中我们寻找到桑娜和渔夫富有同情心的美好品质。

小结：对比描写是文学创作中常用的一种表现手法，是把两种对应的事物对照比较，使人物形象更鲜明，加强文章的艺术效果和感染力。作者托尔斯泰巧妙运用了对比描写的艺术手法进行渲染和铺陈，营造出极端的反差，屋外环境恶劣和屋里环境温馨对比、行为的果敢和内心的矛盾对比、物质的贫穷和精神的富有对比，塑造出光彩有力的人物形象。渔夫和桑娜勤劳、善良、淳朴、富有同情心，宁可自己受苦也要收留两个孩子，构成小说巨大的艺术感染力。

设计意图：案例借助微课的形式，让学生通过课文的三个对比描写去感悟人物品质，为学生今后在习作中描写人物打下基础。

注：针对学习难点来开发。

案例 12

理解上下位置关系
——以《上下》为例

学习目标：体验上下的位置关系，能用准确的语言表达出来；培养观察、分析、概括的能力及想象力，发展空间观念；在有趣的课堂活动中体验数学与生活的紧密联系及数学学习的快乐。

思考：这些小动物分别在什么位置活动呢？小鸟和松鼠，谁在谁的上面，谁在谁的下面？小松鼠和小兔子的位置关系又是怎么样的呢？

播放微课案例：这个案例以微课的形式呈现，让学生结合小鸟在天上飞、小松鼠在树上、小兔子在草地上这一具体情境和自己的体验描述小动物的位置关系，初步感悟“上下”位置关系的相对性，发展空间观念，以后遇到这种问题就能说出上下位置关系。此案例微课是以动画配音的方式呈现，具体内容如下：同学们，你们好！今天大树公公可高兴了，因为今天有三个小伙伴来看望他。瞧，他们是谁？他们是小鸟、小松鼠和小白兔。你们说一说，这三只小动物，谁在最上面？最下面的又是谁？对了，小鸟在最上面，最下面的是小白兔。今天我们就来学习用“上下”表示物体的位置。我把小松鼠遮住，你能说一说小鸟和小白兔的位置关系吗？我们可以说，小鸟在小白兔的上面，小白兔在小鸟的下面。同学们，当我们介绍某个小动物的具体位置时，我们可以充分发挥自己的想象力，把自己想象成这只小动物来介绍。现在谁来介绍一下这只小松鼠的位置？我们可以说，小松鼠在小鸟的下面，小松鼠在小白兔的上面。老师想问问同学们，为什么一会儿说小松鼠在下面，一会儿说小松鼠在下面呢？因为我们比较的对象不同，所处的位置也就不同了。下面，我们一起来玩一个游戏吧。这个游戏的名字就叫“猜猜我是谁”。我在小白兔的上面，请猜猜我是谁？我可能是小松鼠，我也可能是小鸟，因为小白兔的上面有两只小动物。我再增加一个条件，我不是最上面的，现在知道我是谁了吗？真聪明！我就是小松鼠。同学们，今天除了这三只小动物来做客，还来了四位客人，它们是小猴子、小老虎、小老鼠、长颈鹿。它们今天又住在这一栋房子里，房子的主人想请同学们在小组内帮忙分房子，并请每一个组员用今天所学的知识介绍一下它们的位置。有些小组是这样分的：小老鼠住在最下面，小猴子住在第二层，它在老鼠的上面，它的上面有老虎、长颈鹿；长颈鹿住在最上面，它的下面有老虎、小猴子和小老鼠。老师想检测一下同学们今天所学的知识。这一次老师有请全班同学一起来听口令，摆一摆：请把铅笔放在桌子的上面，数学书放在铅笔的下面，练习本在数学书的上面，但不是最上面，大家知道怎么摆吗？大家看一看，你们摆对了吗？

小结：同学们在说“上下”位置关系时，一定要看准跟谁比，比较的对象不同，它的位置也就不同。

设计意图：运用案例，通过故事情境导入，激发学生的学习兴趣及求知欲。“上下”位置关系的相对性，对学生而言，在理解认识和语言描述上都是一个难点。因此，在此设计了一个让学生初步理解认识的环节，让学生结合具体情境和自己的体验描述小动物的位置关系，初步感悟“上下”位置关系的相对性，提高了学生观察、分析、概括的能力及想象力，发展学生的空间观念，培养了学生的科学精神。

注：针对学习难点来开发。

二、案例教学的步骤

案例教学的“四步法”是：围绕目标精选教学案例；案例推送课前自主学习；重点突破师生课中探究；评导引领课后拓展迁移。

（一）围绕目标精选教学案例

充分研究小学语文、数学、英语教材，调查小学生接受知识的情况，根据教学目的、教学内容、教学目标、学生知识接受水平确定是否采用案例教学。案例的开发或选择是实施案例教学的基础和前提。小学课堂教学中开发或选择的案例应具有典型性、真实性、启发性和趣味性，能够进行知识迁移，能够帮助学生解决同一类问题。具体操作步骤如下：

（1）要求：选取一篇适合开展案例教学的阅读课文的一个课时。

（2）备课模式：内容简析—学情分析—设计理念—教学目标—教学重点—教学难点—教学准备（精心开发或选择案例）。

案例13

抓住外貌描写刻画人物

——以《一面》为例①

学习目标：体会通过抓住外貌描写刻画人物的方法，从鲁迅先生的“瘦”中感受他把整个生命献给了革命事业的高尚情操。

思考：鲁迅先生的外貌有什么特点？你能够从中感受到些什么？

播放微课案例：这个案例以画、文字配音的微课形式呈现。解说词如下：同学们，今天我们来学习“抓住外貌描写刻画人物”的方法。有关人物描写的基本知识，前面我们总结了很好的经验。就本文的情况来看，有这样三点值得重视：一是抓特征。人的外貌有很多共同的特点，如果只是一般化的描写，就会千人一面。因此，写外貌就必须抓住人物的特征及区别于其他人的最大不同点。二是有视角。即要选择一定的视角去观察描写，这就是说，不能孤立地静止写人物的外貌，一定要放到具体的环境中去，这样，人物就活，描写就有角度了，外貌的层次也就丰富了。三是表现性格。如果只是为了写人物外貌而写人物外貌，就会失去外貌描写的目的和意义，写外貌必须有助于表现人物性格。让我们打开书找出描写鲁迅外貌的语句，仔细阅读，细心体会。从课文中我们可以找到这一个描写鲁迅外貌的语句：“我向里面望了一下——阴天，暗得很，只能模糊辨出坐在南首的是一个瘦瘦的、五十上下的中年人，穿一件牙黄的长衫，嘴里咬着一枝烟嘴，跟着那火光的一亮一亮，腾起一阵一阵烟雾。”从课文中还可以找到描写鲁迅外貌的语句：“他的面孔黄里带白，瘦得教人担心，好像大病新愈的人，但是精神很好，没有一点颓唐的样子。头发约莫一寸长，原是瓦片头，显然好久没剪了，却一根一根精神抖擞地直竖着。胡须很打眼，好像浓墨写的隶体‘一’字。”这是第三次描写鲁迅外貌的语句：“我很惊异地望着他：黄里带白的脸，瘦得教人担心；头上直竖着寸把长的头发；牙黄羽纱的长衫；隶体‘一’字似的胡须；左手里捏着一枝黄色烟嘴，安烟的一头已经熏黑了。”大家发现这三处外貌描写的相同之处了吗？对了，这三处外貌描写的相同之处是都突出了一个字“瘦”。从鲁迅先生的“瘦”中，我们可以感受到他把整个生命献给革命事业的高尚情操。现在，我们就用从《一面》这节课中学到的“抓住外貌描写刻画人物”的方法完成以下的片段描写：我们的小区住着一个皮

---

① 案例设计：广州市海珠区石溪劬劳小学刘映红（2020年2月）。

肤黝黑的中年人。几次见他，他的黑肤色都让我有不同的感受……

小结：这三次肖像描写抓住了鲁迅的肖像特征，由整体—局部，由粗线条勾勒到细致具体的描写，突出鲁迅的精神面貌。这三次均抓住了“瘦”的特点，给读者留下深刻的印象。同时，从这些外貌描写中我们更可以感受到鲁迅先生崇高的精神和伟大的人格力量。他虽瘦但精神抖擞，突出表现了鲁迅顽强的意志。这样，既突出文章的中心，又大大丰富了题目“一面”的内涵。

设计意图：案例通过引导学生抓住关键词来体会人物的形象，如“精神抖擞地直竖着”和“好像浓墨写的隶体‘一’字”，这寥寥几笔，既是鲁迅外貌的特征，又显示了他刚毅的性格。“他的面孔黄里带白”，“瘦得教人担心”的身体，那“竹枝似的手指”，瘦得让人揪心，从中感悟鲁迅忘我地工作，置健康于不顾，把整个生命献给革命事业的崇高品质。再通过课堂小练笔的学习迁移，让学生掌握、强化“抓住外貌描写刻画人物”的方法。

注：针对学习难点来开发。

案例 14

区分 farm animals 的复数形式①

学习目标：区分 chicken、duck、horse、cat、dog、goat、cow 与 goose、fish、sheep、deer 的复数变化形式。

思考：如何记住 goose、fish、sheep、deer 的不规则的复数变化形式？

播放微课案例：这个案例以动画、文字配乐配音的微课形式呈现，生动活泼，十分有趣。具体内容如下：同学们好！今天，我们来学习农场动物 farm animals 的复数形式。看，这是 Tim 叔叔的农场，农场里有许许多多的动物，先让我们来听一首歌曲，你能从歌曲里面听到或看到几种动物呢？（歌曲大意：在农场里，你看到了什么动物？哦，我看见了鸡，咯咯咯；我看见了鸭子，嘎嘎嘎；我看见了奶牛，哞哞哞；我看见了绵羊，咩咩咩；我看见了猪，噜噜噜；我看见了狗，汪汪汪；我看见了马，嘶嘶嘶；我看见了农民们，咿呀咿呀哟。）但农民不是动物哦。同学们听出农场里有哪些动物了吗？有鸡、鸭、奶牛、绵羊、猪、狗、马。现在请你试一试用 There are…句型说出有鸡、鸭、奶牛、绵羊、猪、狗、马。注意这些动物的复数形式。你们说

---

① 案例设计：广州市海珠区石溪劬劳小学汤红梅（2020 年 2 月）。

得真棒！Tim叔叔，您的农场里还有其他动物吗？是的，我还有几只猫、山羊，与一些鹿。我还养了一些鹅和池塘里的鱼。让我们来练一练（说出所给动物单词的复数形式）：

表2　练一练

形式	动物					
单数	一只山羊	一匹马	一条鱼	一只绵羊	一头鹿	一只鹅
复数	两只山羊	三匹马	四条鱼	五只绵羊	六头鹿	一些鹅

让我们来小结一下farm animals的复数形式。这些动物单词后面直接加s：ducks、pigs、cows、goats、horses、cats、dogs、pigs、chickens。fish、sheep、deer的单复数都一样。鹅的单词goose的复数形式是oo变成ee，goose—geese，又如foot—feet，tooth—teeth。猜谜语：（你能猜出这些句子说的是什么农场动物吗?）它们跑得很快。（horses）它们是白色的，人类用其身上的毛做衣服。（sheep）它们看起来像鸭子，喜欢水上游。（geese）它们生活在水里，擅长水里游。（fish）太好啦，你们都猜对了。感谢聆听，下次见！

小结：根据以往的学习经验，学生很容易给goose、fish、sheep、deer的复数形式直接加上s。通过学习，学生能弄懂这些单词的复数形式并能区分运用。例如：a goose—a few geese，a sheep—two sheep，a fish—some fish，a deer—some deer。又如：There/They are some sheep.

设计意图：在案例中，利用歌曲和猜谜语（riddles），通过对比与小结，激发学生的学习兴趣和热情，复习巩固farm animals的单复数形式，提高学生的记忆和理解能力，培养学生乐学、善学的核心素养。

注：针对学习重难点来开发。

（二）案例推送课前自主学习

这个环节体现课堂的前置。课前布置学生上案例库网站阅读案例，根据案例呈现的内容，思考案例中提出的问题，不懂的地方上网查阅资料或与同学讨论，初步理解所学内容，解决案例中提出的疑难问题。具体操作步骤如下：推送案例—学生课前自主学习案例、查阅资料—学生课前分小组讨论（自愿参加）。

案例 15

课前收集资料的方法

——以《为中华之崛起而读书》为例[①]

学习目标：教会学生搜集资料和阅读整理资料的方法。

思考：如何整理资料，在课题上如何简明扼要地汇报？

播放微课案例：这个案例以画、字配音的微课形式呈现。具体内容如下：

同学们，今天我们学习课前收集资料的方法，以部编版小学语文四年级上册第22课《为中华之崛起而读书》为例。搜集资料有哪些途径呢？可以上网查阅，可以查阅书籍报刊等，可以观看新闻、影视作品等。资料记录的方式有很多，比如文字、照片、视频记录等。我们要根据学习内容搜集资料。第22课我们需要搜集了解20世纪初社会现状的资料。比如当时人们的生活状况、社会上的大事件、签订的不平等条约……把资料搜集好之后，我们要边阅读边圈画关键词句，整理出需要的内容。上课回答问题时，简明扼要地把整理好的相关内容说出来，不要把整篇文章读出来。比如我们搜集了20世纪初中国社会现状的资料："20世纪初，清政府完全沦为帝国主义国家侵略中国的工具，中国的民族危机进一步加深。英、法、德、意等帝国主义列强趁机侵略中国。当时的清政府软弱无能、贫穷落后，许多帝国主义国家都欺负我们。他们不但侵略我们的国家，霸占我们的国土，还让我们赔款，国内局势也非常混乱，老百姓生活在水深火热之中，常常在中国人自己的领土上被外国人欺辱，大家敢怒而不敢言。"我们可以圈画出这些关键语句："20世纪初，帝国主义列强侵略中国。当时的清政府软弱无能、贫穷落后，许多帝国主义国家都欺负我们。霸占我们的国土，还让我们赔款，老百姓被外国人欺辱，大家敢怒而不敢言。"搜集到《南京条约》的资料一大段，如果在课上阅读需要花很多时间。我们可以在课外阅读，整理成："1842年8月29日签订的《南京条约》是中国近代史上第一个不平等条约。清政府向英国赔款2100万银元，将香港岛割让给英国。"搜集到《马关条约》的资料后，我们可以这样整理："1895年4月17日，李鸿章签订丧权辱国的《马关条约》，割辽东半岛、台湾全岛及所有附属各岛屿、澎湖列岛给日本，赔偿日本军费白银2亿两。"这样就可以把很详尽的内容简要概括出来，便于学习，知

---

① 案例设计：广州市海珠区三滘小学黄惠仪、王婉媚（2020年2月）。

道当时清政府签订了很多不平等条约，人们生活在水深火热之中。我们还可以搜集图片资料，比如帝国主义列强瓜分中国领土、设立租界的图片，可以看到他们在我国很多地方都设立了租界，霸占我们的土地。我们还可以根据学习内容搜集了解故事人物的生平经历资料。比如：周恩来的成长过程、周恩来取得的成就、周恩来在中国发展史上的地位……我们搜索到了周恩来总理的很多资料，可以整理一下，圈画出这些内容："周恩来（1898—1976），原籍浙江绍兴，出生于江苏淮安。他是伟大的无产阶级革命家、政治家、军事家和外交家。1949 年中华人民共和国成立后，一直任政府总理。1949—1958 年曾兼任外交部部长。"通过搜集资料，我们对周总理的生平有了一定的认识，便于我们对课文内容的学习和理解。现在，我们小结一下搜集资料的方法：①多种方式和途径搜集资料。②在阅读时，画关键句、圈关键词。③汇报时，简明扼要地介绍和学习内容有关联的资料。关于搜集资料的方法，同学们学会了吗？这节课就讲到这里，谢谢大家！

小结：注重指导学生在课前搜集资料，为学生学好课文做好准备。学生在小组内交流查阅的相关资料和阅读教师准备的相关资料，并说说感受。

设计意图：通过搜集和阅读资料，让学生更加深刻地理解了课文，明白了"中华不振"背后的原因，增加对当时社会现状的了解，更好地揣摩周恩来的内心感受，体会他的心情，明白他立志的原因。

注：针对学习重点来开发。

案例 16

认识量角器①

学习目标：让学生掌握量角器的结构和原理；区分量角器的内圈和外圈的使用方法。

思考：量角器的结构和原理是什么？

播放微课案例：这个案例以动画、文字配音的微课形式呈现，生动有趣，一目了然。具体内容如下：同学们，今天我们来认识量角器。在认识量角器之前，我们首先回忆一下角的度量单位。人们将圆平均分成 360 份，将其中 1 份所对的角作为度量角的单位，它的大小就是 1 度，记作 1°。根据这一原理，人们制作了度量角的工具——量角器。量角器是把半

---

① 案例设计：广州市越秀区清水濠小学吴家权（2020 年 2 月）。

圆分成180等份制成的。接下来我们重点研究一下量角器的结构和使用方法。图上有个量角器，这个小圆点称之为中心，从中心向左或向右延伸的两条射线，这两条射线称之为0刻度线。在学使用量角器来读数的时候，我们既可以使用外圈读数，也可以使用内圈读数。什么时候使用外圈读数，什么时候使用内圈读数，是使用量角器的难点。接下来，我们重点研究一下量角器外圈和内圈的使用方法。请大家仔细观察图，从中心点向右延伸的一条射线，这条射线所在的刻度就是0刻度，把这条0刻度线逆时针旋转180°，它所呈现的轨迹就是内圈的读数。从中心点向左延伸的这条射线所在的刻度就是0刻度，把这条0刻度线顺时针旋转180°，它所呈现的轨迹就是外圈的读数。什么时候用内圈读数，什么时候用内圈读数，是由0刻度线决定的。接下来我们在量角器上画一个内圈35°的角。既然要画内圈35°，就要使用右边的0刻度线，当这条0刻度线绕着中心点逆时针旋转35°的时候，所呈现的角就是内圈35°的角。同理，我们要画一个内圈150°的角，也是使用右边的0刻度线，右边0刻度线绕着中心点逆时针旋转150°的时候，所呈现的角就是内圈150°的角。假如要画一个外圈120°的角，这时就要使用左边的0刻度线，当左边这条0刻度线绕着中心点顺时针旋转120°的时候，所呈现的角就是外圈120°的角。同理，要画一个外圈45°的角，也要使用左边的0刻度线，当左边这条0刻度线绕着中心点顺时针旋转45°的时候，所呈现的角就是外圈45°的角。同学们，量角器内圈和外圈的使用方法你们掌握了吗？

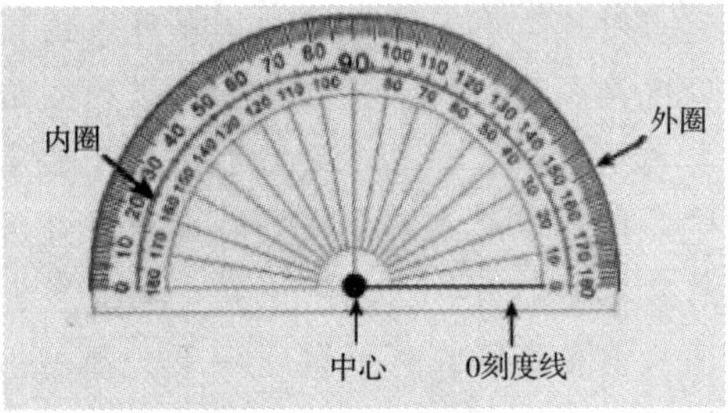

图5　量角器

小结：量角器的原理是，人们把一个圆平均分成360份，其中的一份所对的角的大小就是1°。量角器结构包含中心、0刻度线、内圈和外圈。根据不同的需要，可以灵活选用内圈和外圈读数。

设计意图：通过课件的直观演示，能让学生很容易了解量角器的原理和结构。而在量角器上画角的这个活动，能使学生更清楚在读数时如何选取内圈或外圈。整个学习的过程中，学生学习的积极性很高，能自主完成学习任务，有利于培养学生自主学习的核心素养。

注：针对学习难点来开发。

（三）重点突破师生课中探究

这一环节进行“前置后移课堂重构”的教学方式变革。课中师生合作探究，突破重点和难点。教师引导，学生为主体。学生小组合作学习不能流于形式。合作学习小组一般由3~5人组成，男女搭配，优生、中等生与学困生结对子，选出组长，小组成员分工合作，有主持的，有记录的，有负责查资料的，有负责汇报的，等等。合作学习时做到人人有话说，人人有事做，共同探究，齐心解决问题。以语文课为例，在突破某个知识点或重点、难点时应用案例教学，采用合作探究的方法来进行教学，具体操作方法如下：四人小组讨论—小组派代表陈述、小组其他成员补充—其他小组成员提出质疑—汇报小组成员答辩—教师点评—学生总结。在语文课堂教学中应用案例教学，要汲取传统语文阅读教学中听说读写训练的方法，将传统语文教学听说读写训练与案例教学结合起来，既保持语文味，又能开放课堂，让学生自主学习，在合作探究中感受语文的魅力。案例教学要灵活运用，切忌生搬硬套。

案例17

省略号的作用
——以《穷人》为例①

学习目标：弄清文中每处省略号的用法，感受桑娜和渔夫的善良和朴实，学习他们宁可自己受苦也要帮助他人的美德。学习联系上下文，弄清文中每处省略号的用法，体察人物的内心活动，了解人物特点，更加明确文章的中心思想。

思考：画出文中有省略号的句子，联系上下文思考，文中重点段落的省略号表示什么意思，在旁边做批注。

播放微课案例：这个案例以画、字配音的微课形式呈现。具体内容如下：同学们，今天让我们一起来学习省略号的作用，以《穷人》一文为例。那什么是省略号呢？省略号是现代汉语中常见的标点符号。它是由六个小圆点组成的。省略号在不同的语言环境中表示不同的意思。有的表示引文中省略的部分；有的表示话没有说完全的部分；还有的表示断断续续的话语中的

① 案例设计：广州市越秀区清水濠小学许晶云（2020年2月）。

停顿。在文章中恰当地使用省略号是表情达意的需要。因此，学习省略号的用法有助于我们了解人物的特点，更加明确文章的中心思想。省略号通常有以下用法：引文的省略；列举的省略；重复词语的省略；说话断断续续；意在言外；语意未尽；语言中断；含糊其辞；表示沉默；数字延续；语音延长；话未说完。在《穷人》一课中多处出现了省略号，今天就让我们弄清文中每处省略号的用法，从而更好地体察人物的内心活动，了解人物特点，更加明确文章的中心思想。下面先请各位同学快速阅读课文，画出文中有省略号的句子，联系上下文思考：这些省略号表示什么意思呢？在旁边做批注。同学们，你们都画好了吗？下面让我们一起来看一看《穷人》一文中有哪些带有省略号的句子。第一处，“古老的钟发哑地敲了十下，十一下……始终不见丈夫回来。”表示略去的是古钟敲击声递增的次数，表明桑娜知道丈夫在大风暴的天气出海打鱼，深夜未归。她内心十分焦虑，担心丈夫的安全。时间已经过了11点，她在焦急地等待丈夫归来。第二处，她忐忑不安地想：“他会说什么呢？这是闹着玩的吗？自己的五个孩子已经够他受的了……是他来啦？……不，还没来！……为什么把他们抱过来啊？……他会揍我的！那也活该，我自作自受。……嗯，揍我一顿也好！”这里出现了五处省略号，表示人物内心活动的时断时续，说明桑娜把西蒙的两个孩子抱回家，安顿好后，面对家庭现实，内心充满了矛盾。她的思绪既不连贯，也没有了条理。这一段是对桑娜内心由矛盾到平静的心理活动的描写，对表现她的品质特点起着重要作用，充分表现了她对西蒙一家的关心以及她心地善良的品格。第三处，“还好，总算活着回来啦。……我不在，你在家里做些什么呢？”这一处是渔夫的话，表示语意的跳跃。渔夫庆幸自己没有在海上遭遇不幸。他刚从海上惊险境遇回忆中回过神来，注意力就转移到了妻子身上。第四处，桑娜脸色发白，说：“我嘛……缝缝补补……”这里表示说话结结巴巴，欲言又止。听到丈夫发问，桑娜非常紧张，原想说出抱来两个孩子的事，但又顾虑重重，所以说话吞吞吐吐，在紧急之中用“缝缝补补”搪塞过去。这些省略号让我们感受到桑娜的善良和充满爱心。渔夫夫妇虽然自己在困苦中，但他们宁可自己吃苦，也要帮助别人。同学们通过学习掌握了省略号的用法了吗？下面，请让我们来练一练吧。请同学们看以下两个句子，联系具体的语言环境思考省略号的正确用法。大家先看第一句：他轻轻地摇了摇头，两眼望着那捆书，用微弱的声音说：“你们要……好好学习……将来……”这里表示什么意思呢？这里表示说话断断续续。你做对了吗？再看第二句：她慈祥的眼神平静地望着我，像深深的潭水……这一处又是表示什么意思呢？表示语意未尽。同学们都做对了吗？如果你做对了，表示你已经掌握了省略号的用法，那就恭喜你。好，再见！

小结： 同学们通过弄清文中每处省略号的用法，进一步理解了省略号的作用，也体会到在阅读文章、理解语言文字的同时，标点符号也不可忽视。

设计意图： 教给学生省略号的用法，运用到今后的学习当中去，起到举一反三的作用，充分发挥学生的主体作用。

注： 针对课文中的知识点来开发。

案例 18

围绕中心句写话
——以《香港，璀璨的明珠》为例[①]

学习目标： 学会围绕中心句写话。

思考： 中心句有哪些特点？作者用了怎样的写法来介绍香港的繁华与美丽？你从课文的描写中体会到了什么，产生了怎样的感受？你能否仿照课文的写法介绍，仿写长隆野生动物园呢？

播放微课案例： 这个案例以香港的“万国市场”、“美食天堂”、旅游胜地、灯的海洋等视频、文字配上背景音乐以及教师的解说制作成微课的形式呈现。具体内容是：同学们，今天我们一起来学习围绕中心句写话的方法。首先，我们要了解中心句有什么特点。中心句有四大特点：第一个特点是一般在段落开头的中心句起概括和总述作用；第二个特点是一般在段落中间的中心句起承上启下作用；第三个特点是一般在段落末尾的中心句起归纳和总结作用；第四个特点是起强调和增强印象作用的中心句一般在段落的开头和结尾。今天，我们以《香港，璀璨的明珠》为例来学习围绕中心句写话的写作方法。《香港，璀璨的明珠》是人教版小学语文三年级上册第 24 课。全文共六个自然段，开头第一自然段的中心句在段末，“人们把她称为‘东方之珠’”，在全文中起总述的作用。第二自然段的中心句在段的结尾，“因此，香港的市场是一个‘万国市场’”，起强调香港繁华的作用。从“世界各地、乐意、近两百个国家和地区的商品、琳琅满目、应有尽有、物美价廉”等词语，我们体会到港口、市场的繁华。第三自然段的中心句在段的结尾，“所以，人们又把香港称作‘美食天堂’”，起强调香港繁华的作用。从“世界各地、内地、东南亚、一应俱全、大饱口福”，我们可以体会到饮食品种丰

① 案例设计：广州市天河区五山小学贺立群（2020 年 2 月）。

富，口味齐全，同时也体会到香港的繁华。第四自然段的中心句在段的开头，“香港还是一个旅游胜地”，起强调香港美丽的作用。从“举世闻名、出色、一会儿……一会儿……，有时……有时……”这些词语和句式可以体会到香港的美丽。第五自然段的中心句在段的开头，“每当夜幕降临的时候，香港就成了灯的海洋”，起强调香港美丽的作用。抓住两个比喻句“……像……，……如同……”来品味香港夜晚的美丽。结尾第六自然段只有一句，也就是中心句、总结语，“香港，真是一颗璀璨无比的‘东方之珠’”，起概括全文、与开头第一自然段前后响应的作用。同学们，你们学会围绕中心句来写话的方法了吗？下面，我们就运用这个方法来仿写广州的长隆野生动物园吧。

小结：通过学习案例，学生了解了作者围绕中心句从万国市场、美食天堂、旅游胜地、灯的海洋四个方面向我们介绍了香港的繁华和美丽，凡是去过香港的人，都会由衷地发出赞叹——香港，真是一颗璀璨无比的“东方之珠”。根据三年级学生的知识水平，对这样的课文内容应有所取舍，把握重点和难点，而不是面面俱到，所以对于购物、美食和游玩，都只是抓住重点的词句进行理解、体会、研读。而对于夜景这一段，在通过案例演示后，能激发学生学习的热情，此时应放手让学生自己去读喜欢的句子，去品味、记住它们。在记忆、品读的过程中，香港的美丽、繁华已深深地留在学生的脑海中。案例中香港美食和夜景的画面，大大地吸引了学生的注意力，为学生理解课文内容、走出文本创设了情境，使说话训练有声有色。

设计意图：针对三年级上学期学生的特点，开发的案例要符合学生的知识水平。刚刚进入三年级的学生作文水平还不高，首先从仿写入手，通过这个案例的学习，仿照作者开头总括，中间围绕中心句分别从市场、美食、风景、灯光四个方面来介绍香港的繁荣和美丽，结尾前后呼应、概括全文这个方法，举一反三地介绍、仿写广州长隆野生动物园，培养学生说话有条有理、层次分明的口头表达能力，为三年级学生的写作打好基础。

注：针对课文的学习难点来开发案例。

（四）评导引领课后拓展迁移

这一环节体现课堂的后移。具体表现在：教师对课堂案例教学的总结；教师对学生课前、课中学习与表现的评价；学生对案例教学过程中的认识与评价。

由此可见，案例教学的具体实施步骤如下：首先，课前自主学习。学生阅读案例材料，查阅指定的资料和读物，搜集必要的信息，并积极地思索，初步形成关于案例中问题的原因分析和解决方案。其次，课中合作探究。分两个环节：讨论环节、总结环节。案例讨论的方式是以学生积极发言为主、教师的适当点拨为辅，讨论的过程重在交流。学生对案例进行思考和总结，对案例以及案例所反映出来的各种问题有一个更加深刻的认识。最后，课后拓展评价。包括教师对课堂案例教学的总结，教师对学生课前、课中学习与表现的评价，学生对案例教学过程的认识与评价。

案例 19

如何描写人物活动的精彩片段
——以《人物描写一组》为例①

学习目标：通过朗读想象画面、感受情景，学习人物动作描写的方法和人物比赛活动描写的方法，学法迁移，加以运用；感受小嘎子顽皮、机敏、争强好胜、富有心计的特点和胖墩儿沉稳、老实忠厚的特点。

思考：怎样进行人物的动作描写？如何描写人物比赛活动的精彩片段？

播放微课案例：这个案例以微课的形式呈现，解说词如下：同学们，我们如何描写人物活动的精彩片段呢？第一，要写好人物动作；第二，交替写出各方动作，形成多人活动场面。写好人物动作，首先要分解大动作，连贯地写出小动作。也就是把一个大动作分解成几个小动作，抓住人物最有特征的小动作来写。如《小嘎子和胖墩儿摔跤》，“摔跤”是个大动作，作者就把这个大动作分解成“站、围、蹦、转”等一系列的小动作，这样就把小嘎子摔跤的动作写具体了。其次，根据人物特征，准确使用动词。如：要突出小嘎子机灵敏捷、富有心计的特点，作者选用了“围、蹦、转、钩”这几个动词。最后，动词前加上适当的修饰语，写出的人才更真实生动。如：猴儿似的蹦来蹦去，走马灯似的转了三四圈。这里是在动词前加比喻。也可以在动词前加程度词，如：轻轻地拍、高高地举起等。还可以在动词前加表示心情或神态的词，如：高兴地说、笑眯眯地看着等。人物活动往往是多个人一起进行，我们要交替写出各方的动作，形成多人活动场面。例如《小嘎子和胖墩儿摔跤》，先写小嘎子的表现：起初，小嘎子精神抖擞……再写胖墩儿的动作：可是小胖墩儿也是个摔跤的惯手……然后又写两人的动作：两个人走马灯似的转了三四圈……还比如：小嘎子已有些沉不住气，刚想……接着

① 案例设计：广州市海珠区聚德东小学徐云南（2020 年 2 月）。

写：胖墩儿趁势往旁侧里一推……最后写小嘎子：咕咚一声……这样交替写比赛双方的动作，就把摔跤的精彩片段写出来了。

小结：同学们，写好人物比赛活动的精彩片段分为两步：第一，我们可以通过"分解大动作、准确使用动词、动词前添加修饰语"来写好人物动作；第二，交替写出各方动作，这样就把人物比赛活动的精彩片段写出来了。通过刚才的练习，大家都学会了此方法。

设计意图：这是就课文难点设计的案例。对于五年级的学生来说，人物动作描写并不陌生，但具体如何进行人物动作描写，又如何描写人物比赛活动的精彩片段呢？这是本节课的难点，教师运用了案例教学法，制作了视频《如何描写人物活动的精彩片段》，让学生在学习完课文后思考此片段吸引我们的原因，引导学生学习描写人物活动的方法，然后进行写法迁移，让学生较好地学习这种写作方法，突破了本课的教学难点。

注：针对学习难点来开发。

案例 20

偏旁部首学习妙招

——以《"贝"的故事》为例[①]

学习目标：了解贝字的起源、贝的作用以及字形字义；能讲述"贝"的故事，学习讲述偏旁部首的故事的方法；通过学习，感受汉语言文字和中华文化的博大精深、源远流长。

思考：如何讲述偏旁部首的故事？如何讲述"王字旁和金字旁"的故事？

播放微课案例：这个案例以动画配字配音的形式制作成微课，具体内容如下：同学们，今天我们一起讲述偏旁部首的故事。以部编版语文二年级下册识字3《"贝"的故事》为例。甲骨文就是刻在龟甲或兽骨上的文字。甲骨文中的"贝"字，画的就是贝类的两扇壳张开的样子，与图形文字里的"贝"相比，已经线条化。周代中期金文和周代晚期金文"贝"的形象已逐渐走样，多出来两只脚。在这个基础上递变为秦代的小篆、汉隶，隶变后楷书写作"贝"，再经过草书楷化，成了现今通用的简化的"贝"字。我们生活中常吃的花甲、扇贝、生蚝都属于贝类。下面听老师讲一讲"贝"字的故

① 案例设计：广州市海珠区三滘小学黄惠仪（2020 年 2 月）。

事吧：古时候，人们觉得贝壳很漂亮、很珍贵，喜欢把它们当作饰品戴在身上。贝壳可以随身携带，而且不容易损坏，于是古人还把贝壳当作钱币。这段话中的关键词是“饰品、钱币、钱财”，用“贝”做偏旁的字大多与钱财有关，比如“赚、赔、购、贫、货”。下面，跟老师一起读生字：赚、赔、购、贫。让我们一起记住这些词语：珍贵、赚钱、赔钱、购买、贫穷。现在我们一起学习抓住关键词讲好故事的方法。第一，古人把贝壳当作饰品，因为贝壳很漂亮，很珍贵。第二，古人还把贝壳当作钱币，因为贝壳可以随身携带，不容易损坏。第三，贝字旁的字大多和钱财有关。我们把这些关键词“饰品、漂亮、珍贵、钱币、随身、不易损坏、钱财”用红色来标注。我们一起小结一下学习方法：观察偏旁—认识生字—认读生词—讲述故事。在生活中还有很多形声字。有许多木字旁的字都和树木有关，比如“材、桂、林”，也有许多心字底的字都和心理活动有关，比如“恩、感、想”。请同学们思考：“铜镜”的金字旁与什么有关？“珠宝”的王字旁与什么有关？请你们给它编一个有趣的故事吧。

小结：本课介绍了“贝”字的起源和演变、“贝”字的作用以及字形字义。通过本篇课文的学习，感受汉语言文字和中华文化的博大精深、源远流长。由甲骨文的“贝”字起源讲起，讲述“贝”的故事，让学生加深对偏旁部首意义的认识，让学生学习抓住关键词讲好故事的方法，也知道学习的思路是观察偏旁—认识生字—认读生词—讲述故事，并用习得的方法在课后尝试讲故事。

设计意图：教学本课时，课前让学生做相关的汉字起源知识搜集工作，提前预习重点内容，课后鼓励学生有针对性地查阅更多的汉字起源知识。这样得益于课内，拓展于课外，学生才会就课堂所学由点带面，由单一到全面，对汉字的起源了解得更清楚，对汉字的兴趣更加浓厚。

注：针对学习难点来开发。

第四章　案例教学的方法

案例教学的方法主要有五种：案例解说法、案例模拟法、案例讨论法、案例辩论法和案例练习法。

一、案例解说法

案例解说法是指通过教师或者学生对案例的解说，一步一步揭开谜团，一点一点掌握、增长知识的方法。比如，教学《鲸》一文时，教师针对这一课的教学难点“鲸的进化过程”，精心绘制了“鲸的进化过程”图作为突破这一难点的案例。教师在课前将案例推送给学生自学，并布置学生查阅相关资料。在课中，教师出示案例“鲸的进化过程”图，请学生上台做解说员，围绕案例解说鲸的进化过程。学生踊跃上台，从巴基鲸、罗德侯鲸谈到齿鲸和须鲸，从陆生、水陆两栖、基本水生谈到完全水生，从距今5700万年前的始新世之初、4500万年前的中始新世、约2500万年前的早第三纪谈到百万年前，从四肢行走、后腿退化谈到前肢、尾巴退化成鳍，一个比一个说得全面、准确，在课堂上生成了一个步步推进直至完全破解难点的过程。通过其他学生提出质疑、解说员进行答辩，学生在这一活泼、轻松、愉快的探究过程中，全面了解了鲸的进化过程，所涉猎的知识完全超出了书本内容，大大开阔了视野，丰富了知识，同时也培养了探究能力。整个过程都是学生自主进行探究，教师没有任何说教，只在关键时候起了引导的作用。这个知识点的教学，实现了以学生为主体、把课堂还给学生、让学生做课堂的主人、培养学生探究能力的目的。教师也真正实现了角色的转换，由主导变为引导，由主角变为配角。采用案例解说法进行教学时，事先一定要布置学生上网或去图书馆查阅与案例内容相关的文献资料，积累丰富的课外知识，只有学生涉猎了大量有关本课案例的知识，才能在课堂上进行解说，这样不仅可以培养学生口头表达能力和语言组织能力，还能培养学生搜集、整理资料的能力。采用案例解说法既可以大大拓宽学生的知识面，又能培养学生深厚的人文积淀，以及学会学习和语言运用能力等核心素养。

案例 21

鲸目动物的进化过程

——以《鲸》为例[①]

学习目标：了解鲸目动物的进化过程。

思考：①远古时候的鲸是什么样子的？②那时的鲸和现在相比有什么不同？③鲸生活在海洋里，为什么它又是哺乳动物？④关于鲸，你还发现了它身上的哪些奥秘？

出示案例“鲸的进化过程”图。图上呈现内容：鲸和人类一样，是哺乳动物。远古时代，鲸和牛羊一样靠四肢爬行，生活在陆地上，后来环境发生了变化，鲸也由陆地到了近海边。又经过很长很长的年代，为了适应海洋的生活，鲸的前肢和尾巴不断退化，渐渐变成了鳍，后肢完全退化了，整个身体变成了鱼的样子，逐渐适应了海洋生活。而鱼类不同，鱼的祖先一直生活在水里。从呼吸系统来看，鲸是用肺来呼吸的，而鱼是用鳃呼吸的。

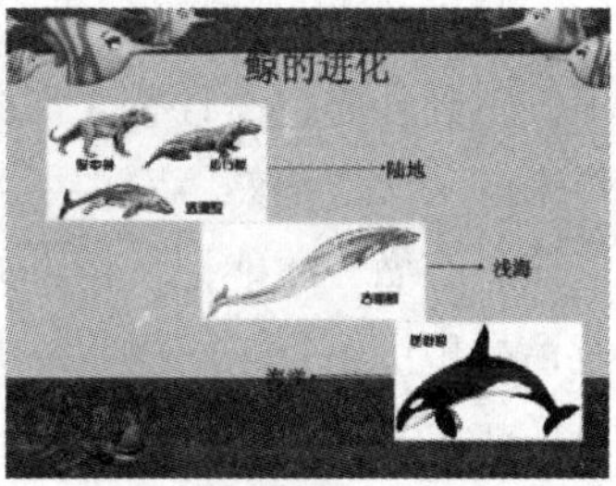

图 6　鲸的进化过程

小结：学生通过观看“鲸的进化过程”图，很快掌握了鲸目动物的进化过程，并由此引申到与鲸进化有关的生物学、地理学、进化论方面的知识，大大拓宽眼界和知识面。

---

① 案例设计：广州市海珠区石溪劬劳小学王歆狄（2015 年 11 月）。

设计意图：学生通过观察案例“鲸的进化过程”图，对鲸在不同时期的外形进行对比，可以直观地了解鲸随着生活环境的变化不断进化的过程；同时，也清楚地了解到不同阶段下鲸生活的环境也在变化，了解到鲸由陆地—海边—浅海—深海—完全适应海洋的生活环境这一发展过程，提高了理性思维能力，培养了勇于探究的科学精神。

注：针对学习难点来开发。

二、案例模拟法

案例模拟法是一种生动、形象的案例教学形式，它把课文里重要的内容用表演的方式呈现出来，使学生在案例模拟过程中仿佛亲历生活过程，产生真切的情感体验，自主地建构知识，拓展思维。比如，在教学《动物王国开大会》这个童话故事时，教师在课前布置学生熟读故事，课中让学生扮演童话故事里的狗熊、老虎、狐狸、大灰狼、梅花鹿等角色。在模拟童话故事的过程中，扮演主要角色的学生很兴奋、很自豪，倾情表演，而扮演配角的学生也很投入地观看同伴的表演，情绪跟着剧情的发展而发生波动。当看到“狗熊”第一次发布通知时连时间和地点都没有说清楚，“动物们”一脸迷茫，交头接耳。有的说：“什么时候去?”有的说：“到哪里开会呢?”“动物们”忙着推荐“狐狸”去问……全班学生亲历动物王国开大会的全过程，不仅感到开心，而且感受深刻，体会了因狗熊发布通知总是说不清楚信息所带来的一次次茫然，明白了发布通知时要把时间、地点说清楚，伙伴们才知道该怎么做，才能把事情办好的道理。课后拓展迁移，布置学生回家把这个童话故事讲给爸爸妈妈听，并布置学生读童话故事《小猴子下山》等。模拟童话故事，亲历生活全过程，这种案例教学方法特别适合低年级的学生。因为低年级的学生好动，注意力不集中，喜欢模仿，采用案例模拟法模拟童话故事，生动、具体、形象、直观，便于学生理解。采用案例模拟法，对培养低年级学生的形象思维能力，形成对文学形象的初步认识有很大的帮助。

案例22

在生动的故事中明白道理
——以《动物王国开大会》为例

学习目标：明白发布通知时把时间、地点说清楚很重要。

思考：发布通知时要注意什么？

播放案例《动物王国开大会》。这个案例以课本剧的形式呈现，让学生来扮演童话故事里的狗熊、老虎、狐狸、大灰狼、梅花鹿等角色。解说词如下：动物王国要开大会，老虎让狗熊通知大家。狗熊用喇叭大声喊："大家注意，动物王国要开大会，请你们都参加！"一连说了十遍。狐狸奔来了，对狗熊说："你说一百遍，大会也开不起来。""为什么？"狗熊问。"因为你没告诉大家，大会在哪一天开，是今天，还是明天，还是……"狗熊一听，伸了伸舌头，做了个鬼脸，连忙说："对，对，对！"于是就去问老虎。老虎说："大会就在明天开，你快去通知大家吧！"狗熊又用喇叭大声喊："大家注意，动物王国要在明天开大会，请你们都参加！"一连说了十遍。大灰狼跑来对狗熊说："你说一百遍，大会也开不起来。""为什么？"狗熊问。"因为你没告诉大家，在明天什么时候开，上午还是下午，几点钟开。"狗熊一听，说："有道理，有道理！"于是又去问老虎。老虎说："大会就在明天上午八点开，你再去通知大家吧！"狗熊又用喇叭大声喊："大家注意，动物王国要在明天上午八点开大会，请你们都参加！"一连说了十遍。梅花鹿奔来问狗熊："大会在哪儿开呀？你得说清楚。"狗熊捶捶自己的脑袋，说："我怎么没问清楚呢？"于是又去问老虎。"哎呀！忘了说地点。大会在森林广场开，你再去通知大家吧！"老虎对狗熊说。"请注意啦！"狗熊又用喇叭大声喊，"明天上午八点，在森林广场开大会，请大家准时参加！"一连说了十遍。这一次，大家都听懂了。第二天上午，动物们都来到森林广场，准时参加了大会。①

小结：在教学《动物王国开大会》这个童话故事时，教师选用《动物王国开大会》这个童话故事作为教学案例。课前布置学生熟读这个童话故事，课中通过课本剧的形式由学生自编自演狗熊四次播报通知，让学生在有趣的剧情中明白发布通知时把时间、地点说清楚很重要的道理。

---

① 嵇鸿，著名儿童文学作家。

设计意图：《动物王国开大会》这个案例采用学生自编自演的形式呈现，这种方法特别适合低年级的学生，能够激发学生的学习兴趣，吸引学生的注意力，更好地帮助学生认识文学中的形象，在生动的童话故事中明白道理。

注：针对学习难点来开发。

又比如，小学语文六年级上册《詹天佑》一文中的教学难点是掌握“人”字形线路的设计原理。为了突破这一难点，教师根据六年级学生心理日趋成熟、崇拜英雄和名人、学习主动性增强、形象思维能力增强、但抽象思维和判断力还需培养等心理特征以及小学高年级学生从网络、电视、书刊上知道一些铁路方面的知识，但是对铁路设计方面的知识知之甚少，有的学生甚至没有坐过火车等实际情况，精心开发案例《“人”字形线路的设计》，借助动画的形式模拟青龙桥段“人”字形线路火车运行的实况。课前教师推送案例给学生自学，初步理解案例内容。课中教师再次推送案例“人”字形线路的动画，创设情境，让学生仿佛坐上了火车，亲历青龙桥段火车经过“人”字形线路的全过程，在这一亲历过程中自然而然地产生对詹天佑杰出才华、科学态度和刻苦精神的敬佩。案例模拟法适合情境性比较强的案例，可以是学生亲身模仿，比如模拟童话故事，也可以是以动画的形式模拟再现案例情境。比如模拟“人”字形线路，学生通过观看、体验，入情入境，亲身感受。案例模拟法最主要的作用就是把难于理解、抽象的知识直观、形象、生动地呈现在学生面前，搭建台阶，化解难题，帮助学生很快地掌握学习内容、突破难点。

案例23

“人”字形线路的设计
——以《詹天佑》为例

学习目标：体会詹天佑的杰出才华和爱国精神，同时在他的科学态度和刻苦精神中受到启迪；感悟课文内容，能抓住具体事例，体会詹天佑的创新精神。

思考：在青龙桥又遇到了什么困难，他是怎么克服的？詹天佑设计的“人”字形线路解决了什么问题？借助“人”字形线路的插图，说说火车的走法。从詹天佑设计“人”字形线路的构思中，你又体会到了什么？

播放案例《“人”字形线路的设计》。借助动画的形式模拟青龙桥段“人”字形线路火车运行的实况：两个火车头，一个前面拉，一个后面推，到了“人”字形线路，就倒过来，改变前进方向，同时降低爬坡难度。具体内容如下：京张铁路自北京丰台起，至河北张家口，1905年9月4日开工，1909年8月11日建成。这是完全由中国人自己主持设计、自己施工修建的第一条干线铁路。当时的清政府委派詹天佑为京张铁路局总工程师。京张铁路工程最为人所熟知的是青龙桥车站的“人”字形铁路。京张铁路从南口北上要穿过崇山峻岭，坡度很大，按照国际上的一般设计施工方法，铁路每升高1米，就要经过100米的斜坡，这样的坡道长达10多公里。为了缩短线路、降低费用，詹天佑大胆创新，设计了“人”字形铁路线路，为了安全、平稳，北上的火车到了南口以后，就用两个火车头，一个在前面拉，一个在后边推，过了青龙桥，火车向东北方向前进，进入了“人”字形铁路线路的岔道口后，就倒过来，原先推的火车头改成拉，而原先拉的火车头改成推，使火车向西北前进，这样一来，火车上山爬坡就容易多了。

小结：在20世纪初的如此大胆的设计，在中国铁路建筑史上，是一个不小的创举。现在，“人”字形铁路附近的青龙桥车站已经成为北京市的文物保护单位和纪念詹天佑先生的所在地。詹天佑所发明的“人”字形铁路已经成为一项举世瞩目的伟大工程。

设计意图：案例《“人”字形线路的设计》，借助动画的形式真实地再现青龙桥段“人”字形线路实况，生动形象地呈现了“人”字形线路设计原理，帮助学生理解詹天佑的大胆设计，体会詹天佑针对不同情况采用不同方法的灵活的创新思维，以及创新设计来源于实践的意识，提高学生的思维能力和想象能力，培养学生勇于开拓、大胆创新的精神。

注：针对课文中的一个知识点来开发。

三、案例讨论法

案例讨论法是指学生在教师的指导下围绕案例进行探讨，从而解决疑难问题的方法。比如，为了解决“鸡兔同笼”问题，教师开发了《猜想列举法和假设尝试法——以〈鸡兔同笼〉为例》这个案例，以微课的形式呈现。教学《鸡兔同笼》这一内容时，课前教师推送案例给学生自学，课中要求学生根据课前对案例的学习情况开展生生之间、组际、师生之间的大讨论时，通过讨论掌握“鸡兔同笼”问题的解决办法，今后遇到同类问题时能够举一反三，触类旁通，解决问题。同时，通过“鸡兔同笼”问题与实际生活相结合，让学生感受到我国古代数学的魅力，巩固本节课所学习的“鸡兔同笼”问题在实际生活中的正确理解与运用，使学生的逻辑思维能力和推理能力得到进一步的提升，培养了学生理性思维、勇于探究的科学精神。值得提醒的是，案例讨论法强调每次组织学生讨论时要注意以下几点：首先，讨论要有问题、有任务，无目标的讨论是无效的。教师一定要向学生交代清楚讨论的问题是什么，讨论要达成什么目标、完成什么任务。其次，讨论要有组织管理，分工合作，有序推进，无组织的讨论等同于“放羊”。合作学习小组组内进行讨论，组长要做好组织工作，分配好组员的任务，有主持，有记录，有发言代表，而且要求组员人人发言。小组合作学习后，教师要引导学生开展组际交流、全班交流。各合作小组派出代表汇报本小组学习的体会或提出本小组学习中的困惑，其他小组提出质疑或帮助解决困惑，教师适时加以点拨，形成一个质疑、答辩的过程。在组内、组际、全班、师生的充分交流、合作学习的过程中，师生都能增长知识、拓宽思维，达到促进师生发展、培养核心素养的目的。

案例24

猜想列举法和假设尝试法
——以《鸡兔同笼》为例

学习目标：经历“鸡兔同笼”问题的探究与解答过程，使用猜想列举法和假设尝试法，体会分析问题、解决问题的方法；感受数学与日常生活之间的密切联系，培养分析解决问题的方法。

思考：笼子里有鸡兔若干只，从上面数，头共15个，从下面数，脚共40只，求鸡兔各几只？

播放案例《鸡兔同笼》。这个案例以微课的形式呈现。在这个案例中，教师设计了两个解题方法来解决“鸡兔同笼”问题。第一个解题方法是教师假设吹一声哨，鸡和兔就抬起一只脚，再吹一声哨……直到脚减少到不能再减为止，大胆猜测，不断验证，使全体学生初步建立头和脚的联系。由于猜想的局限性，学生可以通过列举法培养严谨的思维能力。第二个解题方法是教师假设兔子吃了仙草后又长出了一个头，现在每只兔子有两个头、四只脚。这样，兔子和鸡的头和脚的倍数一样，再推理计算鸡和兔子各有多少只。具体内容如下："鸡兔同笼"是中国古代著名的数学问题之一。大约在1500年前，我国古代数学名著《孙子算经》中就记载了"鸡兔同笼"问题。在前面的学习中，我们已经通过枚举法、假设法和方程法对这种问题进行了系统的研究，今天老师再新增两个有趣的方法。我们回顾一下这个题目：笼子里有鸡兔若干只，从上面数，头共15个，从下面数，脚共40只，求鸡兔各几只？我们先来看这个条件：从上面数，头共15个。我们都知道每只小动物都只有一个头，那么这句话的意思就是说，鸡和兔子一共有15只。这儿还有一个隐含的条件"鸡有2只脚，兔子有4只脚"，这里虽然没有写出来，但是我们都清楚，在一会儿的解释过程中，也要用到这个条件。我这里的鸡和兔子都是训练有素的，老师吹一声哨，鸡和兔子都抬起了一只脚，站在地上的脚数量有了变化，对不对？每只小动物抬起一只脚，15只小动物，一共抬起15只脚，地上还剩下几只脚呢？一共有40只脚，我们去掉抬起的这15只，还剩下25只脚在地上。这个时候老师再吹一声哨，什么情况发生了？我们来看看。你们猜对了，它们再抬起一只脚，这个时候鸡已经坐在地上了，又减少了15只脚。这个时候还有多少只脚站在地上呢？我们用刚才的25只再减掉15只，等于10只，也就是说，现在地上一共还站着10只脚，这10只脚都是谁的呀？都是兔子的，对不对？那我们看一看，兔子一共有4只脚，有2只脚抬起来了，每只兔子地上都还剩下2只脚，地上一共还有10只脚，都是兔子的。而每只兔子去掉抬起来的2只脚，还剩2只脚在地上，10里面有几个2，就代表有几只小兔子，对不对？所以我们现在就能够求出兔子的只数了，用10除以2，求出兔子一共有5只。我们还知道，鸡和兔子一共有15只，在总数里去掉兔子的只数，就是鸡的数量，15减去5，可以求出鸡有10只。你们学会了吗？老师再给大家讲一个小故事：有人种了一株仙草，喂给兔子吃，兔子又长出了一个头。我们来看看，此时，兔子的头和脚之间有什么关系呢？兔子有4只脚、2个头，脚的数量是头的数量的2倍。我们再来看看鸡，鸡有2只脚、1个头，脚的数量也是头的数量的2倍。这样一来我们发现，一共有40只脚，应该有20个头，40除以2等于20。这时候有人就感到疑惑了，刚刚题目中不是说从上面数头共15个吗？那我们看看如果是20个头，中间相差了5个头，20减15等于5，这多出来的5个头是哪儿来的呢？原来是兔子吃了仙草之后，每只兔子又长出了一个头，一共长出5个头，我们就可以计算出兔子一共有5只，5里面有5个1，兔子的数量是5只。然后我们再从总数15只里面去掉兔子的数量，就应该是鸡的数量了，用总数15减去5等于10，鸡就是10只。我们虽然用不同的办法，但结论却是一样的。我们再来写“答：兔子有5只，鸡有10只。”我们再来看看刚才使用的方法：第一种方法是把脚数减少，一直减到鸡不能再减为止；第二种方法是让兔子的头数增加，使它的脚数和头数的倍数关系能够和鸡的脚数和头数的倍数关系一致。这两个方法，虽然有些不同，但是却给了我们同样的启发，那就是在面临复杂的题目的时候，大家可以换个角度想想，没准就会豁然开朗了。让我们大家一起开动脑筋，没准你还会有更多新的解法。

小结：有兔子5只，鸡10只。鼓励学生换个角度思考，尝试用不同的方法解决“鸡兔同笼”问题，在解决问题的过程中培养学生的逻辑推理能力。

设计意图：案例中为了解决“鸡兔同笼”问题，通过“鸡兔同笼”问题与实际生活相结合，让学生进一步感受到我国古代数学的魅力。与生活实际相联系，进一步巩固本节课所学习的“鸡兔同笼”问题在实际生活中的正确理解与运用，使学生的逻辑思维能力和推理能力得到进一步的提升，培养了学生理性思维、勇于探究的科学精神。

注：针对学习难点来开发。

有的教师组织学生围绕案例来召开辩论会，这种方法叫案例辩论法，也属于案例讨论法。案例辩论法是指根据学生对案例理解时产生的不同观点，教师将其分成正反两方，双方围绕案例各持自己的观点进行辩论，直到观点明晰、理解掌握所学内容的教学方法。比如，教学文言文《两小儿辩日》，课前推送案例《两小儿辩日》的动画，再现两小儿辩日的情景，学生自学，初步了解课文内容。课中把学生分成甲乙两方，甲方持“以日始出时去人近，而日中时远也”的观点，乙方持“以日初出远，而日中时近也”的观点，开辩论会。甲乙双方各持观点，争辩激烈，气氛非常热烈，因为事先布置了学生上网和去图书馆查阅相关资料，所以双方辩论时论据非常充足，除了案例中所提到的理由，还涉及天文、地理、物理、自然、人文等各个方面的知识，大大地拓宽了学生的知识面，培养了学生热爱科学、追求真理的品质，同时在辩论的过程中，让学生明白了看待事物可以有不同角度的道理。小学课堂教学中采用案例辩论法来教学应注意以下几点：首先，选取的案例应是一个好的辩题，双方观点要清晰明了并且完全对立，通过辩论后，能帮助双方从中学到知识，悟出道理，并能培养学生的思辨能力，从而达到教学目的。其次，采用案例辩论法教学，课前要做好充分的准备。教师要精心开发案例，这个案例中要隐含相对立的观点，同时要有相持观点的理由和原因。学生课前要查阅与这个案例相关的资料，需要积累大量的课外知识，既要了解对方的观点以及相关知识，也要找足找齐能支撑自己所持观点的各方面课外知识，知己知彼，才能百战百胜。最后，课中要精心组织辩论会。在召开辩论会前，要对全班学生进行辩论技巧的培训，比如，借力打力、顺水推舟、釜底抽薪、移花接木等，辩论时要切中要害，一语中的，才能取胜。除了培训学生辩论技巧外，还要向学生交代清楚辩论会的规则，比如，每一环节双方使用的时间及铃声提醒，一辩陈词、开篇立论，正反双方二辩、三辩攻辩，正反方辩手自由辩论，观众提问，正反方总结陈词，最后选出最佳辩手等。每一个环节要求学生务必遵守辩论规则，从而培养学生规则意识。除此之外，会前还要在学生中选好辩论会主席、正方参赛队员、反方参赛队员、评委及点评嘉宾，正方和反方要亮出所持立场。一切准备就绪，辩论会就可以开始了。采用案例辩论法教学，克服了“满堂灌”的弊端，学生的学习主动性、积极性大大提高。在完成大量的准备工作的过程中，学生查阅、收集、整理资料的能力得到了提高，增强了同学之间的合作交流，增进了师生的情感，形成紧密团结的班集体。在辩论过程中一方面让学生自由发挥，满足学生自我表现的愿望，另一方面让学生多方面去考虑问题，有效促进学生发散思维能力、辩论能力的发展和提高，有效促进学生敏锐应对能力、口头语言表达能力、统筹分析能力等核心素养的发展。

案例25

看待事物可以有不同角度

——以《两小儿辩日》为例

学习目标：明白了看待事物可以有不同角度的道理；培养思辨能力。

思考：谁的观点正确？你怎么看待两个小孩的争论？又怎么看待孔子不能决也？

播放微课案例：这个案例以画配音的微课形式呈现。解说词是这样的：同学们，今天我们来学习一篇文言文，是战国时期思想家列子创作的一篇散文《两小儿辩日》。老师联系文言文来进行一个简单的翻译：“孔子东游，见两小儿辩斗，问其故。”这句话交代了故事的起因，一天，孔子向东游历，看到两个小孩在争辩，便问是什么原因。接着写了故事的经过。“一儿曰：‘我以日始出时去人近，而日中时远也。’”一个小孩说：“我认为太阳刚刚升起时离人近一些，中午的时候离人远一些。”“一儿曰：‘我以日初出远，而日中时近也。’”另一个小孩认为太阳刚刚升起时离人远些，而中午时离人近些。“一儿曰：‘日初出大如车盖，及日中则如盘盂，此不为远者小而近者大乎?’”一个小孩说：“太阳刚出来时像车盖一样大，到了中午却像个盘子，这不是远时看起来小而近时看起来大吗?”“一儿曰：‘日初出沧沧凉凉，及其日中如探汤，此不为近者热而远者凉乎?’”另一个小孩说：“太阳刚出来时有清凉的感觉，到了中午却像把手伸进热水里一样，这不是近时热而远时凉吗?”最后写了故事的结果。“孔子不能决也。”孔子也无法判断谁是谁非。“两小儿笑曰：‘孰为汝多知乎?’”两个小孩笑着说：“谁说您十分有智慧呢?”同学们，请大家分成甲乙两方，甲方持“以日始出时去人近，而日中时远也”的观点，乙方持“以日初出远，而日中时近也”的观点。到底谁的观点对呢？下面同学们来开一场辩论会吧。

小结：《两小儿辩日》这个故事反映了两个孩子的看法虽然幼稚，但古人渴望认识自然现象的强烈愿望，具有探求精神。孔子“不能决”，说明了即使是大学问家也有不能通晓的知识，也能看出当时古人对自然现象的认识水平还很低。孔子敢于承认自己无知，这种态度是对的，不应该嘲笑，是值得后人敬佩和学习的。

设计意图：布置学生课前先学习《两小儿辩日》的案例微课，通过学习，明白两个小孩的争论问题，并且能找出各自的观点和依据，然后课中引导他们通过开辩论会的形式去自主探究和发现。学生对于古文的学习不是在教师的牵引下逐字逐句理解的，而是和小伙伴一起，借助案例微课自主学习，解决疑难。因而，大大提高了学生对古文的学习兴趣，明白了看待事物可以有不同角度的道理，培养了思辨能力。

注：针对学习难点来开发。

四、案例辨析法

案例辨析法与案例辩论法是完全不同的概念。辨析有三种：一是指辨别分析；二是条理清晰，说理明白；三是辩解，分说。案例辨析法在这里是指学生针对教师推送的案例进行深入、周密、仔细的研究，从而获得总体认识的一种科学的分析方法。比如，教《学弈》一课时，为了让学生明白学习应专心致志、不可三心二意的道理，教师采用案例辨析法来教学这一课。教师首先把中国古代故事《学弈》这个案例推送给学生。《学弈》这个古代故事讲的是全国下棋高手弈秋教两个学生下棋，其中一个学生非常专心，只听弈秋的教导；另一个学生虽然也在听弈秋讲课，心里却一直想着天上有天鹅要飞过来，想要拉弓搭箭把它射下来。虽然他俩一块儿学习，但是后一个学生不如前一个学得好。难道是因为他的智力不如别人好吗？教师组织学生针对这个案例中弈秋的两个学生来进行评价，从两个学生学下棋时的不同表现来展开辨别，用对比的方法进行分析，使结论水到渠成，具有说服力，最后得出这个案例中所蕴含的古人思想。

案例 26

学习应专心致志，不可三心二意

——以《学弈》为例

学习目标：明白学习应专心致志，决不可三心二意的道理；培养分析评价能力。

思考：对弈秋的两个学生学下棋时的不同表现有什么看法？从中悟到了什么道理？

播放微课案例：这个案例以画配音的微课形式呈现。解说词如下：同学们，今天我们来学习文言文《学弈》。《学弈》是选自《孟子·告子》中的一个故事。老师联系文言文来进行一个简单的翻译。“弈秋，通国之善弈者也。”这句话是说弈秋是全国最善于下围棋的人。“使弈秋诲二人弈，其一人专心致志，惟弈秋之为听。”这句话是说让弈秋教导两个人下围棋，其中一人专心致志地学习，只听弈秋的教导。“一人虽听之，一心以为有鸿鹄将至，思援弓缴而射之。”这句话是说另一个人虽然也在听弈秋的教导，却一心以为有天鹅要飞来，想要拉弓箭去把它射下来。“虽与之俱学，弗若之矣。”这句话是说虽然和前一个人一起学棋，但棋艺不如前一个人好。“为是其智弗若与？曰：非然也。”这句话是说难道是因为他的智力不如前一个人吗？说：不是这样的。同学们，听了这个故事，你有什么看法呢？下面，请同学们针对这个案例中弈秋的两个学生来进行评价，从两个学生学下棋时的不同表现来展开辨别，用对比的方法进行分析，最后分小组把分析结果进行汇报。下面先请同学们在小组内针对弈秋的两个学生学下棋时的不同表现开展分析评价吧。

小结：《学弈》这则小故事告诫后人，一心一意是下好围棋的先决条件，学习应专心致志，不可三心二意。

设计意图：安排学生课前先学习《学弈》的案例微课，通过自学，找出弈秋的两个学生学下棋时的不同表现，进行对比分析，从而形成自己的初步看法。课中组织学生分小组分析评价，让学生在分析人物的过程中辨别好坏，从而悟出“学习应专心致志，不可三心二意”的道理。学生借助案例微课自主学习，共同探究，通过对比分析，能正确地评价人物形象，学生的辨析能力也从中得到提高。

注：针对学习难点来开发。

五、案例练习法

案例练习法是指通过学习某个案例，从中学到一些解决问题的方法，再运用这个方法去解答同类作业题。比如，教《鸟的天堂》一课时，为了让学生学习用点面结合的方法学写场景，教师精心开发了案例《“点面结合”写场景——以〈鸟的天堂〉为例》。课前推送案例让学生学习，通过对案例的自学，初步了解课文中“群鸟纷飞”这一部分内容和“点面结合”的写作方法。课中先小组合作学习，检查课前学习案例情况。小组内每位学生都讲讲自己通过案例学会了什么，再派代表汇报。这一环节意在加深对课文内容的理解。接着，全班交流通过对案例的学习学会了什么，还有哪些不明白的地方。教师引导学生从课文中找出相应的句子进行品词品句，有感情朗读，深入理解课文内容，并从中体会作者的思想感情，学会作者采用的“点面结合”写作方法。最后，教师再播放拍摄的“鱼儿抢食”的激烈场面，要求学生运用刚刚学会的“点面结合”的写作方法，模仿课文中“群鸟纷飞”的场景描写，仿写视频中“鱼儿抢食”的场面。完成仿写练习后，请两三位学生上台展示自己仿写的“鱼儿抢食”场景描写给全班同学看，并进行交流汇报。采用案例练习法，把学到的知识拓展迁移到同类练习中，能很好地帮助学生解决同类问题，并复习巩固，加深记忆，学习效果良好。

案例 27

“点面结合”写场景
——以《鸟的天堂》为例[①]

学习目标：学习点面结合描写场景的方法，并以此方法描写“鱼儿抢食”的场景。

思考：作者是怎样写“群鸟欢飞”的热闹场面的？运用“点面结合”的方法描写鱼儿抢食的热闹场面。

播放微课案例：这个案例以微课的形式呈现。主要内容是：同学们，今天，我们以《鸟的天堂》为例来学习“点面结合”写场景的方法。课文中，作者是怎样写群鸟欢飞的热闹情景的呢？作者是抓住“鸟多”的特点，采用了“点面结合”的方法来描写场景的。大家看课文第 12、13 自然段中蓝色字体部分，这是整体描写榕树上群鸟飞腾的热闹场景，我们把它叫作“面”的描写。在这部分中，“到处都是鸟声，到处都是鸟影”，这是说鸟的数量多；“大的，小的，花的，黑的”，这是说鸟的种类多；“有的站在树枝上叫，有的飞起来，有的在扑翅膀”，这是说鸟的姿态多。作者抓住了“鸟多”的特点写出了群鸟飞腾的热闹情景。然后，作者细致描写了一只画眉鸟的表现。大家看红色字体部分，我们把这部分叫作“点”的描写。作者就是这样采用“点面结合”的方法描写了鸟儿们可爱、在“天堂”里生活的情景，让我们感受到了鸟儿们的自由和快乐。请观看视频（播放视频），运用“点面结合”的方法描写鱼儿抢食的热闹场面。

起初，几条鱼儿在池塘里悠闲地散着步。我撒下几粒鱼食，________。接着________我继续________。池塘里变得________。________（面的描写）一条________（点的描写）。

小结：作者第二次经过鸟的天堂，在阳光照耀下的早晨，他见到了群鸟欢飞的壮观情景。作者先描写了鸟声、鸟影、鸟形，这是面的描写；再专写了一只画眉鸟欢叫的样子，这是点的描写。这样点面结合，将鸟的可爱和它们在“天堂”里生活的快乐情景展现在我们眼前。我们也学会了这种方法，描写了池塘里鱼儿抢食的热闹场景，感受了大自然的美丽景象。

设计意图：这是就课文难点设计的案例。对于四年级的学生来说，要学

① 案例设计：广州市海珠区聚德东小学徐云南（2019 年 7 月）。

习抓景物特点来描写场景，有一定的难度。教师先让学生观看视频《“点面结合”写场景》，学习点面结合的写作方法，又以“鱼儿抢食”的生活小视频来丰富学生生活经历，为学生提供写作的素材，进行写法迁移，让学生较好地学习这种写作方法，突破了本课的教学难点。

注：针对学习难点来开发。

又比如，教学“开音节与闭音节”这一知识点时，教师开发了案例《开音节与闭音节的区分》，这个案例以微课的形式呈现。学生在教师设计的这个生动、形象、有趣的战斗故事中不知不觉就学会了开音节与闭音节，并且记忆深刻，提高了理解能力和记忆能力，培养了乐学善学的核心素养。子曰：“学而时习之，不亦说乎？”复习巩固、练习强化是当今教学不可或缺的一种方法。采用案例练习法教学，目的是让学生进一步熟练运用学会的知识，并能做到融会贯通，也是一种实践性学习。案例练习法不仅能培养学生的自学能力，还能培养学生的合作精神和探索精神。但是要注意避免题海战术和答案唯一或单一，要尽量做到练习形式多样、有趣，题量适中，分层次，多选择，答案科学，培养学生乐练、愿练、想练的好品质。

案例28

开音节与闭音节的区分

学习目标：区分开音节和闭音节。

思考：如何区分开音节与闭音节？

播放微课案例：这个案例以微课的形式呈现，内容是把26个字母分成势力孤单的元音部队和势单力薄的辅音部队，把元音和辅音的相遇称之为“两军交战”，在“交战”过程中渗透区分开音节和闭音节的方法。课前教师推送案例《开音节与闭音节的区分》给学生学习，初步了解开音节与闭音节的区别。课中教师首先用一首英文字母歌导入新课，营造良好的学习氛围，接着模拟案例中的情境，采用案例练习法，让学生在有趣的游戏中练习巩固从案例中学到的区分开音节和闭音节的方法。教师选了5位同学组成元音部队，把5个元音字母分派到这5位同学手中，另外21位同学组成辅音部队，把21个辅音字母分派到这21位同学手中。5位同学组成的元音部队先站立在讲台前。教师出示一个单词，比如map，手持辅音m的同学和手持辅音p的同学马上走上前来把手持元音a的同学关闭起来，这时三人组成的音节称之为闭音节。手持元音字母a的同学要说出在闭音节中元音字母a的发音，并带领全班同学读一遍。之后，三位同学一起说出闭音节map的读音，全班同学跟读一遍……如此练习下去。

小结：开音节是以发音的元音字母结尾的音节。例：be、he。或者以辅音字母（r除外）+不发音的e结尾的音节。例：make、like。在重读的开音节中，元音字母按字母名称读音。闭音节是以一个或几个辅音字母（r除外）结尾而中间只有一个元音字母的音节，称为闭音节。例：map、desk、is。在重读的闭音节中元音字母读作短元音。

设计意图：案例中教师把26个字母分成两支部队，把元音和辅音的相遇称之为两军交战。学生在教师设计的这个生动、形象、有趣的战斗故事中不知不觉就学会了开音节与闭音节，并且记忆深刻，提高了理解能力和记忆能力，培养了乐学善学的核心素养。

注：针对学习难点来开发。

第五章　案例教学发展学生核心素养的路径

核心素养是我国教育部门关于深化课程改革提出的重要素质教育理念。它要求广大教育工作者切实落实立德树人的教育目标，实现对学生情感、价值观、知识技能的全面培养。本章通过案例教学促进小学生核心素养发展的实践研究，深入分析案例教育的实际应用价值。

案例教学是学科教学中一种常见的教学形式。在课堂中，教师运用案例教学与学生共同参与、共同讨论并解决问题。教师通过教育情境的描述，结合教学主体讨论，可以让学生深入理解知识，并在提高学习能力的基础上培育综合素养。

一、核心素养的相关概念界说

（一）核心素养的内涵

核心素养是学生在接受相应学段的教育过程中，逐步形成的适应个人终生发展和社会发展需要的必备品格与关键能力。“核心素养”以培养“全面发展的人”为核心，分为文化基础、自主发展、社会参与三个方面，综合表现为人文底蕴、科学精神、学会学习、健康生活、责任担当、实践创新六大素养，具体细化为国家认同等十八个基本要点。根据这一总体框架，可针对学生年龄特点进一步提出各学段学生的具体表现要求。

（二）学科核心素养的内涵

学科核心素养是一种基本综合素质，是学生在接受教育过程中形成良好品格与运用知识的关键能力，是学生通过学习过程的思维转换所形成的基本素养，其中包含了学习态度、知识技能、学习情感等综合性素质。小学生核心素养发展主要是依托于教学内容，通过后天接受教育习得。在教学过程中，教师以教学内容为载体，通过对科学合理的教学设计，依据国家提出的教育标准和要求，建立核心素养的系统化课程知识体系，重视学生适应社会发展以及跨学科素养的培养，从而实现学生德智体美的全面发展。核心素养发展具有开放性、稳定性、发展性、动态性。学生通过不同阶段不同学科学习，在动态性的教学优化课程中，逐渐形成适应社会发展需要的个人品格与能力。

1. 小学语文学科学生发展核心素养的内涵

小学语文课程的核心素养是：语言建构与运用、思维发展与提升、审美鉴赏与创造、文化理解与传递。语言建构与运用的核心素养表现为对语文学科中语言文字的积累和运用能力。思维发展与提升的核心素养表现为掌握学习语文的基本方法，养成良好的学习习惯，发展思维能力。审美鉴赏与创造的核心素养表现为通过语文教学实践，提升思想道德修养和审美情趣，形成良好的个性和健全的人格。文化理解与传递的核心素养表现为在语文课程内容的价值取向上，要继承和发扬中华民族优秀的文化传统。

2. 小学数学学科学生发展核心素养的内涵

小学数学课程的核心素养是：数学人文、数学意识、数学思想。数学人文的核心素养表现为对数学的持久兴趣与好奇，对数学美的追求，会用数学语言交流表达。数学意识表现为学生会从数学的角度解释生活，能运用数学方法拓展智力边界，能形成良好的解释生活和世界的方式。数学思想表现为学生在愿学的基础上，在数学思想的引领下，提升思维品质，提高数学学习的效能，成为会学数学的学生。

3. 小学英语学科学生发展核心素养的内涵

小学英语学科的核心素养是：语言能力、思维品质、文化品格和学习能力四个方面。语言能力，指在一定环境下，通过英语语言来理解和表达思维意识的能力。文化品格，指学生对英语文化的理解和认知，以及表现出的态度。思维品质，指个人的思想特征、思维方式，反映出其英语表达与交流中的逻辑性、创造性等方面的水平和特点。学习能力，指学生主动拓宽英语学习渠道，积极调适英语学习策略，努力提升英语学习效率的能力。

二、案例教学促进核心素养发展的理论依据

（一）政策法规依据

2014 年教育部颁布了《关于全面深化课程改革落实立德树人根本任务的意见》，提出了“核心素养”的概念。该意见把研究制定学生发展的核心素养体系作为推进课程改革的关键领域和主要环节。核心素养的培养，既体现着国际教育发展与变革的趋势，也承载着国家以教育增强核心竞争力的迫切性。

（二）教育理论依据

小学学科教学中实施案例教学行动研究的教育教学理论基础主要体现在：建构主义强调学习过程问题情境的生成与自我建构；人本主义提倡尝试性训练，把尊重人、理解人、相信人提升到首要地位；发现学习理论认为学生的身心、智慧发展有其特有的认知程序，教学过程要帮助或促进学生认知、智慧的生成。建构主义、人本主义、发现学习等教育教学理论是本课题富有学术性、应用性的坚实的学养根基。

1．建构主义

建构主义以学生为中心，强调学生对知识的主动探索、主动发现和对所学知识意义的主动建构。建构主义认为，知识不是通过教师传授得到，而是学习者在一定的情境即社会文化背景下，借助他人的帮助，利用必要的学习资料，通过意义建构的方式而获得。由于学习是在一定的情境即社会文化背景下，借助其他人的帮助即通过人际协作活动而实现的意义建构过程，因此建构主义学习理论认为“情境”“协作”“会话”和“意义建构”是学习环境中的四大要素或四大属性。“情境”，教师要善于创设学习者建构意义的情境，把情境设计看作教学设计的重要环节。“协作”是指学生对学习资料的搜集与分析、假设的提出与验证、学习结果的自我反馈、学习成果的评价等。“会话”是协作过程中的不可缺少环节，学习小组成员之间必须通过会话商讨如何完成规定的学习任务的计划；协作学习过程也是会话过程，在此过程中，每个学习者的思维成果为整个学习群体所共享，因此会话是达到意义建构的重要手段之一。“意义建构”是整个学习过程的最终目标。所要建构的意义是指事物的性质、规律以及事物之间的内在联系。在学习过程中帮助学生建构意义就是要帮助学生对当前学习内容所反映的事物的性质、规律

以及该事物与其他事物之间的内在联系达到较深刻的理解。建构主义总的观点就是，学习者的知识是在一定情境下，借助于他人的帮助，如人与人之间的协作、交流、利用必要的信息，通过意义的建构而获得的。理想的学习环境应当包括情境、协作、交流和意义建构四个部分。

建构主义这一基本观点，与案例教学的基本过程与出发点在理念上是十分一致的。一个教学案例就是一个生动的问题情境，在这个情境中，总是具有一个或几个矛盾冲突，而不同的学生在教学案例讨论中的不同认识，又会产生新的矛盾冲突。在解决这些矛盾冲突时，学生只有靠发挥自己的主观能动性，才可以完成个人的知识建构。由此，案例教学的过程，其实也就是学习者自主地建构和完善自己的认知结构的过程。在这个过程中，教学案例十分注重学习共同体情境的创建，注意让学习者在高度仿真的活动情境中进行学习，注重学习者具有个性差异的自我建构过程，强调评价要在真实的情境中进行多元评价。

2. 人本主义理论

在人本主义心理学中，对学习理论研究最多的是罗杰斯。他提出了“以人为中心”的理论，强调突出学生的主体地位与作用，倡导内在学习与意义学习的理论，弘扬情感等非智力因素的动力功能，注意创造力的培养，在建立民主与平等的师生关系、创造最佳的教学心理氛围等诸多方面做出了贡献。罗杰斯强调意义学习，这种意义学习是个人的学习，即所学的内容与个人有关。学习要求个人积极主动参与，要从自我发起。在学习的过程中，他强调尝试性的训练。他认为，科学是一个不断变化的领域，而不是存在于封闭的、只包括已发现知识的书籍中的事实原理。因此，拥有相关科学知识体系对学生来说，已经不是学习的目的。学习的目的是使学生掌握知识并能够运用知识，并且不再把科学知识看作是绝对的、完全的和永久的东西，科学知识是随着实践发展而发展的。

人本主义把尊重人、理解人、相信人提到了教育的首要地位。在案例教学的行动研究中，教学案例作为活生生的现实情境，它所提出的问题能够激发学生探索的积极性，更强调突出学生的主体地位与作用，提倡学会根据事实情境的变化而采取不同的解决问题的方法。另外，案例教学的行动研究与探究、合作的学习方式是分不开的，能够营造一个学生敢于辩论的教学课堂。因此，案例教学研究十分注意弘扬情感等非智力因素的动力功能，强调建立民主与平等的师生关系，创造最佳的教学心理氛围。正是从这个意义上说，人本主义心理学为教学案例分析与应用研究奠定了深厚的理论根基。

3．布鲁纳的发现学习论

布鲁纳的发现学习理论强调主动探索，从事物和现象的变化中去发现原理。学生不是被动的知识接受者，而是积极的信息加工者。学生的心智发展主要是遵循他自己特有的认知程序，教学是要帮助或促进学生智慧或认知的生长。由此，他提出了发现学习法。

案例教学行动研究法要遵循学生的心智发展，主要是遵循每个学生自己特有的认知程序，以促进学生认知的生长。案例教学法在问题情境的创设、学生主体作用的发挥、内在动机的激发与维持、信息的搜集、整合与加工等方面，可以说是对布鲁纳发现学习理论的继承与发展，布鲁纳的发现学习理论为案例教学的行动研究提供了心理学依据。

综上所述，学科案例教学法植根于深厚的教育学、心理学土壤，有着坚实的学术理论基础。案例教学法正是以其独特的教研视角、对教学理论的整合、对教材内容的剪裁、对教学方法的优化、对现代教学实践中问题的敏锐察觉与积极反映，从而在课改实践发展中拥有了旺盛的生命力。语文、数学、英语案例教学的行动研究，正是基于上述学术思想而提出的。

（三）客观现实依据

现实反映，传统的教学模式下教出来的学生有知识没能力。在教学过程中，运用案例教学的教师少之又少，教师们对案例教学了解得并不多，不知道案例教学是一种很好的教学方法。即使有的教师探究过案例教学，也还是停留在比较浅的层面，还没有真正掌握案例教学。

三、基于核心素养的小学课堂案例教学

（一）案例教学应用课程的课前准备

案例教学方法的实施对教师和学生都提出了更高的标准和要求。教师在课前要进行大量的准备工作，才能确保案例教学的顺利进行。教师在课前要依据学科教学目标选择和改编案例，使案例具有针对性和典型性，以学生的知识能力为基础，让学生乐于学习和讨论，才能帮助学生更好地掌握学习重点。教师在课堂中必须要对案例教学有充分的理解，保证提出问题的科学性与合理性，并科学分配教学讨论时间，使案例与问题更贴合学生的实际发展区，从而使小组讨论的环节更加有效。教师设计案例教学内容时思路要清晰，重视学生的思想感受，确保学生可以从不同的角度层次去分析问题和解决问题。

（二）案例教学应用课堂教学过程

案例教学过程中，教师要明确教学目标，以促进学生核心素养发展为基础，围绕整体教学目标，以提高学生社会发展实践能力提出问题。教师在课堂上可以选择以多种方式呈现案例设计，主要分为以下几种方式：第一，文字方式，教师以文字材料呈现案例；第二，教师以语言描述的方式口述案例；第三，学生自主选出代表进行案例讲述；第四，学生预演案例学习，课堂中学生以小组形式模拟案例的实际情境来分析问题；第五，视频方式呈现案例，即教师利用多媒体设备播放真实、生动的案例，并在观看前让学生先了解需要分析的问题，便于学生更准确有效地掌握信息知识。

当教师呈现案例之后，要提出精心设计的相关问题。在提问时教师要做到以下几点：第一，问题要清晰并具有方向性、引导性、焦点性；第二，问题面向课堂上所有学生；第三，问题要有针对性、趣味性，能有效激发学生的学习兴趣和思考分析的欲望；第四，问题要以教学目标和案例内容为基础。呈现案例后，教师组织学生讨论具体案例，讨论的方式可以是角色扮演、模拟问题、讨论争辩等。教师和学生之间通过互动交流讨论问题的发展方向，从而有效促进学生发散思维与综合能力的全面发展。通常案例教学都是以课堂小组讨论的方式开展，教师将学生分成若干小组，并对讨论的内容提出适当的建议和适时的引导。教师还可以组织学生进行全班参与的讨论，师生共同讨论，但教师要确保课堂的自由性与开放性。讨论结束后对问题进行归纳总结，教师引导学生深入思考和理解，让学生融合理论实践形成新的能力与素养。课后反思是案例教学的最后一个步骤，不仅可以使学生巩固深化课堂内容，还能有效提高教师教学技能。

案例 29

《千年梦圆在今朝》教学设计

教材分析：课文叙述了中华民族几千年来为实现飞离地球、遨游太空的美好梦想所进行的不断尝试和追求，重点记述了新中国成立以来中国航天事业的蓬勃发展。在广大科技工作者、工人和解放军官兵的共同努力下，“神舟五号”的发射成功，标志着我国已经成为世界上第三个独立掌握载人航天技术的国家，载人航天的千年梦想终于实现了。文章热情赞扬了中国航天工作人员热爱祖国、团结合作、默默奉献、勇于探索、锲而不舍的科学精神。

学情分析：学生对航天知识可能所知有限，但对科学故事、科普文章很感兴趣。课前可以让学生搜集关于中国航天事业发展的资料，了解中国航天事业的概况，丰富背景知识，增强民族自豪感。课中这些搜集到的资料可以引入到课堂教学中，补充、丰富和拓展课程内容。课后，可以结合课文内容和搜集的资料开展语文实践活动，如编小报、办墙报、搞展览。

学习目标：

1. 正确读记“瑰丽、尝试、火箭、捆绑、惨重、穿越、振奋、规模、协作、精细、概括、评价、魄力、嫦娥奔月、炎黄子孙、积劳成疾、风华正茂”等词语。

2. 默读课文，抓住课文的主要内容，了解中国航天事业的发展历程和千年梦圆的经过，激发民族自豪感。

3. 学习在具体的事实描述中说明道理的写法。

4. 体会中国航天人团结合作、默默奉献、勇于探索、锲而不舍的科学精神。

学习重点：了解中国航天事业的发展历程、中华民族千年梦圆的经过，从中体会中国航天人所体现的团结合作、默默奉献、勇于探索、锲而不舍的科学精神，激发学生的民族自豪感。

学习难点：学习默读课文，抓住课文的主要内容，学习在事实的描述中说明道理的写法。

教学准备：

1. 课前发动学生搜集中国以及世界载人航天飞行的有关资料。

2. 制作多媒体课件：“神舟五号”载人飞船发射的有关情景、教学PPT等。

3. 开发并推送案例：在事实的描述中说明道理的写法——以《千年梦圆在今朝》为例。

4. 布置学生预习课文，并完成学习单。

课时安排：1课时。

学习过程：

1. 激情导入，创设情境。

(1) 课前三分钟播放“神舟五号”载人飞船发射的视频。

教师激情导入：“2003年10月15日上午9点，在我国酒泉卫星发射中心，随着一声震耳欲聋的巨响，我国自行研制的“神舟五号”载人飞船被送上太空。一瞬间的改变，一瞬间的飞跃，实现了中华民族几千年的飞天梦想。”

(2) 教师提问："同学们，看着这壮观的一幕，此时此刻，你最想说什么？"

(3) 齐读课题，学生质疑。

（板书：千年梦圆在今朝）

质疑：千年梦是什么？千年梦是怎么圆的？为什么千年的梦今朝圆了？

(4) 教师小结："现在让我们跨越历史的长河，沿着时间的隧道，乘上时空飞船，一起去追寻数千年的中华飞天梦。"

2. 围绕案例，小组合作学习，初步理解课文内容，理清行文线索。

(1) 小组长检查学习单完成情况。

(2) 小组交流、解决学习单上的学习任务。

(3) 各小组派代表汇报合作学习成果。

①读记新词。（出示 PPT，全班齐读）

②理清线索。（板书：过程方面）

3. 回顾案例，全班交流，深入探究感悟，掌握写作方法。

(1) 全班交流："为什么千年的'梦'"今朝圆了？你从哪些具体的事实描述中领悟到梦圆背后的精神和力量？"（品词品句，朗读指导）

探索方面：

载人航天工程面临巨大困难和挑战。

句一：载人航天工程，是中国航天史上规模（最）大、技术（最）复杂、安全性和可靠性要求（最）高的跨世纪重点工程。

句二：为了顺利完成这项工程，（一百一十多）个单位直接承担了研制、建设和发射任务，而参与这项工程的协作单位，则多达（三千多）个。

航天工作者付出巨大努力和艰辛。

句三：实验的精细与艰难，要求（广大）科技人员、工人和解放军官兵（夜以继日）地（苦战攻关）。

句四：（有的）人为了工作的及时、方便，将铺盖搬到了工厂车间；（有的）人积劳成疾，几次住进了医院；（有的）年轻人虽风华正茂却华发早生；（有的）人甚至为此付出了全部心血与生命，未能等到成功的那一天便猝然长逝……

（板书：团结合作　默默奉献）

(2) 有感情地朗读课文最后两个自然段，并结合自己课文搜集的资料，谈一谈"神舟五号"载人飞船发射成功的历史意义。

句五：我国首次载人航天飞行成功，向全世界庄严宣告：中国已经成为第三个独立掌握载人航天技术的国家。它同时也充分表明：中华民族几千年的梦想几代人的执着追求，以及数十年坚持不懈、锲而不舍的奋斗，终于在今天变成了美好的现实。

（3）交流本文在表达方法上（遣词造句、布局谋篇等方面）有哪些值得我们学习借鉴之处。

句六：尽管遭受了无数失败，付出了惨重代价，坚定而执着的炎黄子孙却始终没有放弃飞离地球的努力。

（板书：承上启下　按时间顺序写　详细得当　在事情的描述中说明道理的写法）

4. 运用案例，举一反三，拓展迁移，发展综合素质。

（1）教师"千年梦圆在今朝"，让富有激情与魄力的炎黄子孙怎能不高兴自豪，怎能不欢欣鼓舞？请同学们阅读课后的"阅读链接"《炎黄飞天梦》，并结合课文说一说自己的感受。（强烈的民族自豪感）

（2）再次回顾案例，全文总结。（播放案例）

（3）教师：时代在发展，科学在进步。"神舟五号"飞行成功仅仅几年，"神舟十号"载人航天飞船又飞上了太空。（播放多媒体课件）同学们，请你来为本文作者填补这一空白，运用今天学到的"在具体的事实描述中说明道理"的写作方法把"神舟十号"载人航天飞船的成功也写进课文中，加在你认为合适的地方。

请 2~3 名学生读一读自己写下的文字，互相评议。（根据时间情况灵活处理）

5. 板书设计。

		具体事实	科学精神	写作方法
19* 千年梦圆在今朝	过程方面	远古　嫦娥奔月（略） 明代　万户失败（略） 1970　卫星上天（略） 2003　"神舟五号"飞天（详）	坚持不懈 锲而不舍	按时间顺序写 详略得当 承上启下 在具体的事实描述中说明道理
	探索方面	载人航天工程面临巨大困难和挑战 航天工作者付出巨大努力和艰辛	团结合作 默默奉献	

附：《千年梦圆在今朝》学习单

一、读课文三遍，给每段标上序号，分好段，写好段意。

二、生字认读，抄在生字本上，熟读并能听写。

遨 áo（遨游） 揽 lǎn（九天揽月） 瑰 guī（瑰丽）

穹 qióng（苍穹） 猝 cù（猝然长逝） 锲 qiè（锲而不舍）

三、新词抄在词语本上，熟记并能听写，查词典，理解词语意思。

瑰丽 尝试 火箭 捆绑 探索 惨重 穿越 振奋

规模 协作 精细 宛若 概括 评价 魄力 瞬间

嫦娥奔月 鲲鹏展翅 九天揽月 积劳成疾 风华正茂 华发早生

猝然长逝 震耳欲聋 坚持不懈 锲而不舍 炎黄子孙 不懈努力

四、熟记。

近义词：绚烂—绚丽 崭新—簇新 寂寞—孤寂 辽阔—广阔 锲而不舍—坚持不懈

反义词：崭新—陈旧 辽阔—狭窄 锲而不舍—半途而废 精细—粗糙

多音字辨析：

奔 bēn（奔跑）bèn（奔向） 载 zǎi（刊载）zài（载重）

着 zháo（着火）zhúo（着落）zhāo（高着）zhe（看着）

乘 chēng（乘车）shèng（千乘之国）

五、课文不仅叙述了“千年飞天梦今朝得以圆”的结果，而且“用大量的事实”来说明“梦圆”背后的精神和力量。思考：

1. 千年梦是什么？

2. 千年梦是怎么圆的？课文按照时间顺序介绍了哪些代表中国航天事业发展的历史阶段、事件和结果？通过这件事感悟到了什么？

表3 相关信息

时间	事件	历史意义	感悟
远古			
明代			
1970			
2003	“神舟五号”成功飞天		
	“神舟六号”		
	……		
	“神舟十号”		
	……		

3. 搜集“神舟十号”的资料，把它发射的时间、乘坐的航天员、飞行的大致情况和历史意义写下来，也写进课文中，加在你认为合适的地方。

案例30

在事实的描述中说明道理的写法
——以《千年梦圆在今朝》为例

学习目标：了解中国航天事业的发展历程和千年梦圆的经过；学习在具体的事实描述中说明道理的写法；体会中国航天人团结合作、默默奉献、勇于探索、锲而不舍的科学精神。

思考：千年的“梦”是指什么？千年“梦”是怎么圆的？为什么千年的“梦”今朝圆了？

播放微课案例：这个案例以微课的形式呈现。飞离地球，遨游太空是中华民族很久以来的梦想。课文用大量的事实描述了梦圆的过程，并说明“梦圆”背后的精神和力量。从两个方面来展开研读：一是过程方面。远古时代，早就流传着嫦娥奔月的神话。明代，官员万户大胆尝试乘火箭上天。尽管失败，炎黄子孙却始终没有放弃飞离地球的努力。1970年，中国第一颗人造卫星“东方红一号”发射成功，我国航天技术取得突破性的进展。2003年，“神舟五号”载人飞船成功发射，我国航天技术取得了巨大的成功。千年飞天梦今朝得以圆，这一寻梦过程中表现出了炎黄子孙坚持不懈、锲而不舍的精神。二是探索方面。课文重点写了“神舟五号”的研制、发射过程。首先从载人航天工程方面来描述。三个“最”字说明了载人航天工程面临着巨大的困难和挑战，说明了党中央的巨大的勇气和决心。“一百一十多、三千多”，采用列数字、摆事实的方法更能说明参与研制单位之多，难度之大。其次从航天工作者方面来描述。“夜以继日、苦战攻关”以及四个“有的”组成的排比句式，采用摆事实、讲道理的方法说明中国航天工作者将为此付出巨大的努力和艰辛的劳动，表现了中国人民团结合作、默默奉献的科学精神。千年梦圆在今朝，课文采用在事实的描述中说明道理的方法，按时间顺序来写，详略得当，通过对大量的历史事件尤其是“神舟五号”研制、发射过程的描述，表现了中国航天工作人员热爱祖国、团结合作、默默奉献、勇于探索、锲而不舍的科学精神。如今中华民族有了更高远更绚丽的飞天梦——登临月球、探索火星，遨游于更深更远的太空。

小结：千年梦圆在今朝，课文采用在事实的描述中说明道理的方法，按时间顺序来写，详略得当，通过对大量的历史事件尤其是神舟五号研制、发射过程的描述，表现了中国航天工作人员热爱祖国、团结合作、默默奉献、勇于探索、锲而不舍的科学精神。

设计意图：案例借助微课的形式清晰地再现中国航天事业发展的历程和千年圆梦的经过，重点描述了“神舟五号”研制和发射过程中中国航天人面临的巨大的挑战和付出的艰苦努力，学会在具体的事件的描述中说明道理的写法，感悟到中国航天人团结合作、默默奉献、勇于探索、锲而不舍的科学精神，激发民族自豪感。

注：针对学习难点来开发。

（三）基于发展小学生核心素养的案例教学建议

案例教学通过问题情境创设，可以更好地促进学生的思维能力与语言能力发展。案例教学通过师生之间的互动交流，拓展了学生的文化视野与创新思维，但案例教学还需要在未来实践应用中进一步完善教学内容：第一，在课堂中给予学生充足的学习空间，让学生在宽松、自由、愉悦的课堂氛围中分享观点，从多角度去思考问题；第二，鼓励学生对案例进行个性化学习，引导学生从多角度理解教学情境的复杂性；第三，对案例问题概括要精准，将教学的重点引入到案例情境中；第四，多为学生提供实践知识技能的机会，让学生在讨论中，结合理论与实践有效解决实际问题，循序渐进地将基础知识和技能有效转化为学科的综合素养。

综上所述，案例教学是一种符合学生认知规律的教学方法，具有生动的情境性与教学的实践性。教师与学生的互动过程中，可以让学生更深入地理解课堂知识的深层思想，对促进小学生核心素养发展具有非常重要的价值和作用。此外，案例教学可以有效培养学生学习热情。生动的案例情境促使学生可以积极主动地参与到学习中来，让学生在轻松愉悦的教学氛围中，通过深度的分析讨论，有效促进价值观念、知识技能、学习情感、学习态度的综合发展。

四、基于核心素养的小学语文案例教学

小学语文的教学方式和内容会对学生的认知发展产生深刻的影响。语文教学应紧紧围绕核心素养，除了传授基本的语文知识和语文能力外，还要大力发展学生的思维、审美、情趣、鉴赏等能力，促进学生的全面发展。以核心素养为导向的语文案例教学研究是现代社会的要求，也是语文教学改革的要求。目前，语文课程改革进入“深水区”，有必要结合长期的教学经验和案例，整理以核心素养为导向的语文教学理念，对日常教学活动进行总结，

形成具有指导性的语文案例教学措施。《义务教育语文课程标准（2011 年版）》列出了九条针对义务教育阶段学生的基本素养要求，不仅要求学生学会语文知识、做好语文积累，还对学习习惯、思维能力、文化素养、言谈举止等提出了要求。因此，语文课堂教学应走出“题海”的枯燥模式，激发学生的语文学习兴趣，丰厚其语文学识，使学生从文学和经典中领略世间百态，体会不同人生。语文案例教学的重点在于引导，给学生一个方向、一种方法或是一种理念。因此，语文案例教学要围绕核心素养的培养展开，使核心素养不仅仅停留在文件上，更要融入课堂中，融入具体教学中。

（一）新时代语文核心素养的特征

新时代的语文案例教学从“双基”走向了“多元化”，语文核心素养也表现出极强的综合性、层次性和人文性特征。

从综合性看，语文案例教学确定了三维目标，既要掌握基本的拼音识字、遣词造句，又要求能够解读文本、与人沟通，具备基本的学习方法和思维。譬如在《春晓》的教学中，以鸟声、风声和动态的落花为辅，引领学生理解文字意境，从意境中体会理解古诗的方法。

从层次性看，语文案例教学培养学生核心素养的过程是不断深化和升华的，从低年级的读写识字、口语交际、习作到高年级的写作构思、交际活动。纵观整个小学语文教学，可发现学生核心素养的提升是呈螺旋式上升的。譬如面对校园的“垂柳”，低年级学生时只能看到它外形的美，而高年级学生还可以看到它早春发芽、晚秋落叶的情景。

从人文性看，语文知识内化成个人软实力，成为反映学生自身性格、修养、交流能力的重要基础。字词和词句支撑学生继续学习其他科目。语文的语言本身和借此学到的知识都将帮助个体感悟世界和人生，确立价值观、人生观和世界观。譬如读《海伦·凯勒》可以激励学生奋斗，读《二泉映月》可以帮助学生体会人生的困苦。

（二）基于核心素养的小学语文案例教学措施

以核心素养为导向的语文案例教学是系统的、全面的，能够锻炼学生的听、说、读、写基本能力，也能够培养其审美、情感、人文、鉴赏等方面的能力。语文课堂教学将以具体的文章为载体，丰富学生的认知世界，在学生内心播撒真善美的种子，使其体会生活、经典、名著以及文史哲的魅力。

1. 注重阅读能力，为培养核心素养打基础

“冰冻三尺，非一日之寒”，阅读能力是基于大量阅读形成的，是个人阅

读成果的体现。“多读书、好读书、读好书”是提升阅读能力的核心方法。古今中外的文学典籍浩如烟海，泛泛而读，不仅容易感到疲惫，还会一无所获，因此，必须要做到“选好、读好、理解好”。

阅读能力的培养要有计划，且要连续施行。首先，让学生体会到各种类型文学作品的美，助其不断成长。古诗、文言文使人灵秀，增加个人气质，文学名著助人体验别样人生，文哲材料促人探索人文智慧。教师要选好书目，选好内容，寻找最适合学生的文章，使学生每读一本书或一篇文章都有所得、有所获。譬如阅读《三打白骨精》，要能够想象出“一打”“二打”“三打”的场面和前因后果，能够串联内容、复述过程，让听的人感受到文学之美。其次，激励学生养成良好的读书习惯，让他们走入文学世界，用心体会文学巨匠的语言功底，从而达到“其义自见”和“下笔如有神”的境界。

2. 注重思考能力，深化个人素养层次

思考是学生理解和内化的过程，也是学生提升个人素养的必由之路。语文学科的思考是情理层面的思考，是感性的，又是理性的，奥妙无穷。语文课堂要给学生一个平台，让学生大胆地思考，甚至“打破砂锅问到底”，真正找到问题的答案。

语文课堂案例教学中的思考不是做样子，而是层层引导，循循善诱，让学生一点点靠近文学背后的故事、情感以及作者的思想。首先，培养思考的习惯，包括对优美语句的学习和模仿，以及破旧立新、敢于挑战权威的质疑。其次，学会思考问题。思考的问题就有疑问点和价值。譬如在《林冲棒打洪教头》中，仅仅为作者描述场面的热闹、紧张而热血沸腾，那只是在读表面的文字、感受语言文字的力量，学生还需深入思考林冲为什么不直接伸手和洪教头一较高下，柴进大官人对此内心又是什么态度。思考清楚这些前因后果，才能触摸到文学人物的情感。最后，内化于心。无论是对生活的新思考还是有关人生经验的大道理，学生都应将其内化于心，让自己的素养层次有所提升，这将大大丰富个人素养，对于小学生的成长将发挥极其重要的辅助作用。

3. 注重情感表达，涵养学生的人文情怀

阳光的情感是具备人文情怀的基础。这也是语文学科三维目标中极其重要的一维。从小的方面说，学生应体会到父母亲情、师生友情；从大的方面说，学生应有民族情、家国情，为祖先创造的灿烂文化而骄傲，为民族英雄、国家昌盛而自豪。语文课堂案例教学应注重情感的表达，鼓励学生回忆生活经历中的点点滴滴，让其具备基本的人文情怀。

人文情怀的涵养并非遥不可及，也并不神秘，这是由课堂营造的一个个具体的感受和认知积累形成的。首先，点明人文情怀的内容。譬如看“黄河”九曲十八弯，感受民族的源远流长；看“戊戌六君子”，感受头可断、血可流的赤子之心；看“榕树”，感受巴金先生对自然的惊叹。其次，回归日常生活，捕捉情怀足迹。譬如在案例《第一次抱母亲》的启发下，通过回忆具体的生活细节，如骑自行车、游泳等，引导学生思考父母对自己的爱以及自己感受最强烈的一件事和内心的感受，并让学生效仿作者的写作方式诉说自己的故事。最后，鼓励学生开展回报实践活动。无论学生所选择的回报对象是身边具体的人，还是祖国、民族、历史等，都可以转化为相应的行动，让学生在实践中再次体会，从而进一步增强个人的人文情怀。

4. 注重审美能力，做全面发展的人

诗歌、散文、小说都是高于生活的艺术表达，是审美能力的一种表达。语文案例教学对审美能力的培养必不可少。所谓“美”，不单单是外在美，更注重内在的修养，能够欣赏和品味到语言内在的画面、力量或是心境，让文学之美、情感之美渗入到课堂案例教学的点滴之中。

审美能力要求语文课程的案例教学要展现出学科的审美属性，让学生展开想象的翅膀，品味其中的奥妙和价值。首先，营造好审美氛围。无论什么样的文章，都需要给学生提供丰富的背景，让学生身处其中，感同身受。其次，将语文美的讲解细节化，让学生认识到“一动一静”的相互配合。譬如在教学《山居秋暝》时，通过屏幕向学生展现案例“明月松间照，清泉石上流”的意境，让这种静谧之感延伸到课堂的每个角落，让清澈的溪水从学生的面前轻轻流过，只留下潺潺水声，整个课堂都可以感受到动静之间的和谐，感受到自然环境的宁静之美。最后，将审美扩展到音乐、绘画、雕塑等领域，让学生尽情地感受几千年来人类为追求美的最高境界而留下的艺术财富，也激励学生继续奋斗，勇攀艺术高峰。

以核心素养为导向的语文教学活动突出了对学生审美情感、人文素养、思维能力、科学精神的培养。从“双基”到“多元化”的转变，不仅满足了学生对基本知识的需求，还让他们在语文学习中看到不一样的人生、经历和心理变化。只有继续开展有关核心素养的案例教学研究和实践，才能让学生感受到语文学科的魅力，提升自身素质，形成个人软实力。

（三）案例教学促进语文科学精神素养发展

科学精神是时代的要求，是语文教学的要求，是小学生发展的要求。在小学阶段，应发挥语文学科优势，引导学生科学求知，培养其科学精神。语文学科促进小学生科学精神素养发展的根本在于发展理性思维、培养批判质疑能力、鼓励探索创新行为。从以上三个方面，通过具体教学案例展开阐述，为发展小学生科学精神素养的教学提供帮助。

语文学科的科学精神素养是公民素养的重要组成部分，也是语文教育的核心价值观之一。在小学阶段，语文教师要充分发挥语文学科的优势，充分运用教材内容，挖掘文章和活动的内容价值，培养学生科学的语文学习能力。从本质上看，培养科学精神的过程也是理性思维、批评质疑、勇于探究的过程，是将知识和技能与科学思想、价值标准和行为表现连为一体的过程，这一过程对于小学生今后的学习和生活有着极其重要的作用。因此，语文学科的案例教学应承担起发展小学生科学精神素养的责任，引导学生勇于思考、勇于担当、实践创新。

1. 科学精神素养的内涵

《中国学生发展核心素养》将“科学精神”列为极其重要的一方面，并将其与小学科学、语文、数学等科目的教学有效融合。结合小学语文学科的具体案例教学情况，科学精神是要求小学生掌握基本语言能力，发展逻辑思维，形成科学的学习方法，追求真理，开拓思维世界；主动学习，努力创造，发展想象力，为其他学科和知识的学习提供必要基础。科学并不等同于抽象思维，科学也需要想象力，需要感性认知。科学精神的培养能够让学生全面、系统地理解如何学习语文、如何判断知识的运用是否正确、如何突破自己的能力等问题，从而提升小学生在求知和生活中明辨是非的能力。

2. 促进小学生科学精神素养发展的具体策略

小学语文课堂是传播知识和观念的重要阵地，是全面、系统地培养学生科学精神素养的主场。在语文课堂上，具体课文、具体篇章可为学生理解“科学精神”抽象概念提供保障。本节在阐明科学精神素养内涵的基础上，从理性思维、批判质疑、勇于创新三方面详细阐述，通过具体的教学案例，列举实现“全面发展的人”这一核心教学目标的教学策略。

（1）抓住课堂细节，培养理性思维。语言文化历史悠久、博大精深。没有理性的学习过程、学习方法和思维习惯，学习语言文化就会遇到很多困难。而理性思维的培养与课堂细节有着密不可分的关系。不同的语文教学内容有不同的培养方式，主要包括：

第一，基础知识的理性化。拼音和汉字是语文学习的基石，在这方面，教师要对学生进行理性学习的培养。以《乡下孩子》一文的基础知识教学为例。首先，讲解生词。这篇低年级课文中出现了“皮、野、嘴、曲、妈、坏、怀、菜、菊、唱”几个新字。每个新字的讲解，都需要按照拼音—写法—含义—文中运用—扩展的顺序进行。比如“皮”字的读音为 pí，一共 5 笔，其含义是“物体表面、最外层”，文中的用法是“小猪的肚皮”。其次，讲解课文词句。教师讲解课文内容也需要抽丝剥茧，让学生准确地理解每一个词。比如，“欢唱”和“盛开”都是在动作的前面加一个字来说明这个动作，“欢唱”可理解为“特别高兴地唱”，“盛开”可理解为“开得十分好看、十分大”。最后，用口语化语言描述课文场景。《乡下孩子》的口语化表达是：她平时在田野里捉蝴蝶，用树叶做口哨，采些野菜帮忙喂猪，捉些小鱼养猫，每天的生活都十分快乐。如此一来，学生就可以充分理解课文，收获大量的基础知识，形成准确、理性的认知。

第二，学习方法的理性化。首先，提供虚拟场景，理解抽象语言。在《石榴》一文中，对石榴的描述“笑得咧开了嘴”“笑破了肚皮”形象地呈现了石榴成熟时的外观，但学生看到的石榴却是外皮完好的。因此，教师可以向学生提供熟透的石榴的图片，让学生看着图片进行对照，强化对文章思路的理解。其次，梳理全文线索，锻炼逻辑理解能力。课文《沉香救母》讲述了沉香在得知母亲被囚华山后，坚持练武，得到神斧，劈开华山，与母亲团聚的故事。在课堂教学中，教师应鼓励学生对文章进行口头表述，梳理全文的线索，锻炼学生对文章的逻辑理解能力。最后，理性拓展知识脉络。每篇课文的篇幅都是有限的，无法满足学生求知的需求，因此教师需要进行理性拓展。为了使其有连贯性，教师可找与课文相近的内容来拓展。比如：拓展《欢乐的泼水节》可以搜索与泼水节相关的其他文章，也可以选择关于少数民族其他独特节日的文章。

第三，文章认知的理性化。低年级学生识字不多，文章阅读能力差，对文章内容的理解很容易出现偏差，因此，教师要引导学生理性地认知文章。以《海底世界》一文的阅读教学为例。大部分学生都没有去过海底，更没有听到过海底的各种声音、见过海底的各种动植物，因此理解课文内容时特别需要理性思考。首先，为学生提供参观海洋馆、海底世界的机会，带领学生看看海底世界的样子，为教学打下基础。其次，标明段落，对文章进行分层，划分出海底声音、海底动物、海底植物、海底资源四个部分。层次的划分能够提供清晰的学习思路，有助于增强学生的理解能力。最后，深入课文之中，全面理解课文的每一部分。如模拟各种声音来使海底声音直观化，播放各种动物的运动情况来展现海底植物的形状和特点。由此，学生便可以对文章各个部分都有深入的了解，消除理解上的知识盲点。

（2）援疑质理，培养批判质疑。语文教师应鼓励学生批判质疑、打破陈规，在原有知识的基础上不断拓展自己的学识。对学生批判质疑的培养应从大处着眼，小处着手，在点点滴滴中使其形成质疑的习惯。具体的培养包括以下几个方面：

第一，质疑理解的正误。低年级学生会接触大量的拟人化手法、比喻修辞以及夸张修辞，也会涉及对句子结构完整性的判断。对于这些知识的理解、判断和运用，需要反复训练，才能运用自如。比如：对《蜗牛的奖杯》一文中“唯怕”和“生怕”是否可以调换位置的判断。在生活中，“生怕”这个词用得比较频繁，而“唯怕”则很少用。如果不将两个词进行详细的比较，几乎体会不到其间的差别。在这种情况下便需要学生有质疑精神，通过查字典和反复揣摩意境理解词语：“唯怕”强调对象，有只怕、单单怕的意思；“生怕”强调程度，就是单纯的怕。如此辨析后，学生便能把握两个词的区别，夯实语文知识基础。

第二，质疑选择的正误。语文教材中的课文多处谈到了“选择”，如《小草与大树》一文中三姐妹对人生道路的选择，《蜗牛的奖杯》一文中蜗牛对荣誉的态度的选择等。语文教学应该让学生学会质疑选择，只有这样，才能帮助学生调整思路、发散思维。比如，《我应该感到自豪才对》一文中小骆驼从质疑自己的外表到为自己的外表感到骄傲，这个故事启发学生要质疑他人对自己的否定，积极发现自己的优点。从这个故事出发，教师在课堂教学中要从学生常问的“学不好是不是我笨”“长得丑大家会不会不喜欢”等问题引入，导入“选择决定结果”的观念，让学生质疑别人对自己的否定性评价，积极地发现自己的过人之处，质疑周围的声音，勇敢地做真实的自己。

第三，质疑答案的正误。一般情况下，语文练习和考题都有标准答案，甚至连造句、短文、口语交际等都有标准答案。教师可以培养学生质疑答案的怀疑精神，一方面判断答案的正误，另一方面思考是否有更合理的答案。例如，在组词练习中，“阳”不一定组词为“骄阳”，也可以是“太阳”“阳光”等。在口语交际中，转述类题目可以没有固定的答案，转述病情、信息等都是因人而异的。在造句练习中，答案提供的句子并不一定就是最好的，也可以创新，小露珠可以像珍珠，也可以像钻石，还可以像水晶。因此，教会学生质疑答案也是促进学生突破自我、提升语文素养的有效途径。

（3）大胆尝试，勇走探索创新之路。探索创新是科学精神得以落实、升华的关键。在语文教学中，教师要鼓励学生大胆尝试，积极探索，走出创新之路。语文学习的创新既有语言文字运用上的创新，又有写作体裁上的创新，还包括自我反思和对认知逻辑的创新等。

第一，创新语言文字的用法。小学低年级的语言文字用法还有诸多可以突破的点。教师要鼓励学生突破教材内容的限制，自由地进行语言文字运用的创新。例如，在《东方之珠》一文中，原文用“沐浴着轻柔的海风，倾听着浪涛拍岸的声响”来描写海风和海浪。教师可以让学生去海边实地观察，创新描写海风、海浪声的方式。比如“夹杂着暖意的海风，节奏欢快的海浪”。又如在《三袋麦子》一文中，让学生想象小猪、小牛、小猴的心理活动，进行拟人化演绎，可以设计为贪吃懒惰的小猪、珍惜食物的勤奋小牛、机灵智慧的小猴，增加了心理活动的文章更能凸显不同动物的特点，使文章主旨更加明确。

第二，创新写作体裁。教材中出现了多篇通过改变写作体裁突出主题的文章，这些文章给学生的写作创新提供了依据。如，《卧薪尝胆》一文以故事的形式叙述。在教学中，教师应让学生尝试改变写作体裁，获得突破。比如，将《望庐山瀑布》改编为一段短文，让学生创设诗人的生活情况，并描写诗人的心理活动，进而引出这首千古名诗。又如，将《揠苗助长》一文改编成儿歌，让农夫的笑话转变为耳边时常响起的警醒之语。这样的写作过程不仅有助于提高学生的写作能力，还使学生在此过程中琢磨清楚了文字蕴含的道理。

第三，创新主观题的认知逻辑。认知逻辑创新与语言方字运用、写作体裁创新不同，需要更长的时间和更多的训练。只有不断延伸，思考文章与文章之间的关系，找到其中的规律，才能实现认知逻辑的创新。比如，在量词的主观题练习中，对“只、头、匹”等进行选择，可以发现大部分用“只”表达，少数用“头”表达，只有马用“匹”表达。又如在“画出另一类词语”的题目中，学生要快速发现一组词内部的规律，判断其属于哪一类，当明确了类别后再进行挑选就不容易出错。经过这样的训练，学生作答主观题的认知逻辑便能有所提升，其探索创新能力也会随之发展起来。

促进小学生科学精神素养的发展是当代语文教育的重要内容之一。目前，小学语文教育已经在此方面取得突破。小学生在思维习惯、实践活动、探索创新以及日常学习方面都有明显进步，但仍有很大的提升空间，培养的方式和方法还需因地制宜，实事求是，不断完善。语文教师应将科学精神素养培养融入日常教学和学生的生活中，鼓励学生运用科学精神处理和解决问题。只有如此，小学生的科学精神素养才能快速发展，才能为促进和谐社会的发展出一分力。

五、基于核心素养的小学数学案例教学

新课标要求，教师在小学数学教学中要培养学生良好的核心素养，继而使学生能在自身的实践认知中获取相应的知识与技能，并培养其良好的思想观念和品质。而将案例教学模式应用于小学数学教学中，可让学生在真实、活跃的教学环境中感受数学魅力，并在实际探究中学习相关数学知识，提高学生的综合素养。

众所周知，数学是一门具有抽象性、逻辑思维能力较强等特点的学科，尤其是小学阶段的学生理解能力正在不断发展，若教师在教学过程中使用固定的教材大纲向学生源源不断地传授知识，学生不仅无法理解与吸收知识，而且会降低学习数学的积极性，因此如何使用更有效的教学方式，已成为现阶段教育界重点要解决的问题。近年来，课题组成员在小学数学教学过程中，应用案例教学法开展教学活动，取得成效较好，极大地提升了学生的数学核心素养。

（一）实施案例教学法的重要性

案例教学法指利用各种案例作为教学活动的基础，并将相关的知识点融入案例中，进而让学生对案例内容进行分析、探讨与总结，加深对知识点的理解与记忆。案例教学突破了传统教学的局限性，通过案例教学的方式不仅能转移学生注意力，激发学习兴趣，还可显著提高课堂教学效率，让学生在真实的案例情景中感受数学魅力。在素质教育的深入影响下，小学数学教师要在实际教学中潜移默化地培养学生良好的核心素养，并体现学生主体地位，符合以生为本的教学理念。而在运用案例教学时，需要遵循以下几个原则，即案例的真实性、客观生动性以及多样性。只有真实、贴切生活实际的案例才能让学生意识到数学在生活中具体应用与重要性；客观生动的案例才能有效激发学生学习兴趣与注意力，并在数学案例中加深理解能力与记忆力；在多样化的案例中维持学生对数学的学习兴趣，使其能在不同的角度感受数学知识，体会数学的真实性。最终在真实的案例情景中探究数学知识，发挥案例教学的教学作用与价值，提升学生的核心素养。

（二）基于核心素养的小学数学案例教学措施

1. 结合案例，激发学习兴趣

小学数学教学内容与实际生活紧密联系，教师在结合案例教学时要引入

生活中常见的真实案例，并有效展开教学活动，激发学生学习兴趣。同时，案例的选择要符合小学生的认知阶段，避免超出学生认知范围。例如，在学习《统计图》这一课时，教师便可结合案例教学，让学生从身边的事物出发，让学生思考："在我们的日常活动中什么样的东西需要进行统计？你知道的统计图都有哪几种？不同的统计图都有哪些优势？"结合学生体育运动背景，让学生以小组为单位对本班学生的体育兴趣进行统计，分别统计羽毛球、篮球、足球、气排球等体育项目的喜爱人数，建立学生统计分类意识。随后，教师便可在课堂上讲解扇形统计图的基本概念，指导学生将收集好的统计数据绘制成扇形统计图，使其明确扇形统计图的统计优势与作用。此外，教师还可让学生统计本班学生的数学考试成绩，逐步引导学生利用折线统计图来表示本班学生考试成绩的变化趋势，使其在合作分析中明确折线统计图的特点及优势。学生在案例教学中可自主操作、相互探究、相互交流与分享，激发学习兴趣的同时培养了学生的数学核心素养，使得案例教学发挥了最大的应用价值与优势。

2. 创设情境，激起学习欲望

在小学课堂教学中应用案例教学最大的好处，在于能让学生通过某一个载体进行讨论，使学生能在案例教学中阐述自己的观念与想法，促进师生间、生生间的沟通交流。而要想充分发挥案例教学的作用，教师还应创设浓厚的案例教学情境，进而让学生在熟悉的课堂环境中深入案例学习，缓解或避免学生对新知识的陌生感、畏惧感。让学生在情境案例中挖掘生活中的数学知识，感受数学的无处不在，并在案例主题下展开激烈的讨论，激发学习欲望，感悟生活数学，提高实际应用能力。例如，在学习《生活中的小数》这一课时，教师可以利用案例情境的方式让学生体会生活中的小数，让学生在熟悉的情境中了解小数与十进制分数的关系、小数的意义以及读写小数的正确方式。教师出示教材内容中的情景图，让学生先读一读这些小数，如小红的身高是 1. 40 米、小李的体温是 37. 50 度、香蕉的重量是 1. 30 千克等，并让学生联系生活实际，说一说生活中的小数还体现在什么地方。有的学生会回答："小数还体现在物体的价格上，有的小数表示长度，有的表示重量，有的表示成绩……"学生在激烈的发言中便会感受到小数在生活中的具体体现，激发求知欲。随后，教师还可提出："你们知道世界上最高的山峰叫什么吗？"学生都会统一回答"珠穆朗玛峰"。当学生回答后教师便可出示珠穆朗玛峰的测量高度，并让学生思考：我们为什么要用小数来表示山峰的高度？物体的重量？物体的长度？若没有小数又会怎样？让学生在反思中联系生活，在熟悉的案例情境中进一步理解小数的意义，达到本节课的最终教学目标。

3. 引入案例，提高学习能力

在小学数学教学中引入案例教学的目的不仅在于让激发学生的学习兴趣，提高其求知欲，还要运用案例教学培养学生良好的学习能力，使其养成独立思考、认真探究的学习习惯，继而潜移默化地提升核心素养。而一个好的案例设计可影响课堂教学的走向，故教师要考虑案例教学的导入过程、互动过程以及总结，通过系统性、针对性的案例提高课堂教学效率，使学生在探究案例中相互学习、合作交流，并在独立思考中挖掘新的数学问题，提高解决问题的能力。例如，在学习《长方形和正方形的周长》这一课时，教师便可引入案例："学校每年都会进行班级教室设计的评比活动，为了让我们的教室更加美丽，我们一起给长方形和正方形的照片镶上花边。而为了节省彩带，你们能动手算一算一张长方形和一张正方形的照片的一周是多长吗？我们又应该怎样去测量它们的周长呢？"引入案例，让学生分组合作，在操作中测量并记录长方形和正方形照片的一周长度。随后，教师还可让每个小组派出代表说一说本小组测量或计算的步骤及方法。有的小组回答："利用尺子来测量每一条边，加起来得出的总数就是长方形和正方形照片的周长。"有的回答："用绳子绕着长方形和正方形的四边一周，并量出绳子的长度就是它们的周长。"有的则回答："用尺子测量长方形的一条长、一条宽，再用长×2+宽×2就得出它的周长；正方形就直接测量它的一条边，再用边长×4。"之后教师便可与学生共同总结长方形与正方形的周长的计算公式，让学生在案例教学中提高自身的学习能力。

4. 展示案例，增强学习记忆

数学案例实质就是一个数学问题，而教师则是案例教学活动的管理者与组织者。因此，教师应通过多种案例来引导学生展开讨论活动，让学生成为课堂主体，培养其核心素养，体现以生为本的教学理念。对于学生而言，参与数学案例的讨论探究环节，可锻炼其思维分析与理解能力，巩固新知识并加深记忆力。为此，教师便可有效展示数学案例，引导学生进行激烈的探究活动，在相互交流与沟通中拉近教师与学生间的距离，形成融洽的案例教学环境，提高其学科素养。例如，在学习《平行四边形的面积》这一课时，教师便可出示课件，让学生观察两块不同形状的花坛，即一个是长方形花坛，一个是平行四边形花坛。让学生思考哪一块的面积更大，引导学生结合从前面所学知识，鼓励学生上台计算长方形的面积。并提问："平行四边形的面积与什么有关？"让学生利用数方格的方式，在一张格子纸上，画上一个长方形和一个平行四边形，并数一数两个图形的格子数：每个格子代表1平方厘米，若不满一格则按照半格来计算。让学生自主思考并探究两者的不同，并逐步探索平行四边形面积的推导过程，加深记忆力，培养其良好的独立思考习惯，提高其学科核心素养。

总之，在小学数学教学中展开案例教学法可有效提高学生学习兴趣，并加强教师与学生间的互动交流。案例教学法充分体现了新课标中学生主体地位的教学原则，在良好的案例情境中能激发学生学习潜能，并培养其良好的核心素养，发挥案例教学的有效性与实效性。

（三）案例教学促进数学思想素养发展

数学思想是学生长期学习数学后形成的一种特定思维，同时也是帮助学生学习数学的一种思路。然而，据观察发现，数学的抽象性不仅增加了学生的学习难度，而且在难以理解数学知识的情况下，甚至会引发学生抗拒学习数学的心理，对教师的教学质量与学生的学业均会造成不利影响。因此，通过多种方式帮助学生培养数学思想迫在眉睫。

众所周知，数学是一门抽象性与逻辑性较强的学科[①]。小学数学则是学生学习数学的基础，也是学生对数学的初步认识，这一阶段的学生尚未形成特定的思维逻辑能力，在学习数学的过程中会感到较为吃力，甚至无法产生学习数学的热情。若是教师在这一时期注重培养学生的数学思想，不仅能够激发学生学习数学的热情，而且还能够帮助学生降低学习数学的难度，让学生在今后数学的学习中做到游刃有余。在某种程度上说，培养学生的数学思想可让学生形成特定的数学思路，在今后数学的学习中可快速找到解决数学难题的方法，以此促进学生分析与解题能力的提高，充分体现出培养学生数学思想的价值。

1. 结合生活经验，培养学生数学思想

数学源于生活，也将回归生活。这不仅是数学的一个显著特点，同时也是学生学习数学的一个良好机会，再加上小学生理解能力仍处于发育阶段，在学习数学的过程中不易理解与消化教师传授的知识。因此，教师可以抓住数学来源于生活的特点，结合生活经验引导学生学习，帮助学生在原有生活经验的基础上理解教材知识，进而达到培养学生数学思想的目标。例如，在《等式的性质》教学中，教师可利用天平的平衡特性，帮助学生加深对等式的认识与理解。教师可以让学生尝试动手操作，让学生观察同时增加或减少

---

① 刘欣泽. 学生数学素养的培养——数学思想系列教学课例研究［J］. 中学课程辅导：教学研究，2016，10（1）：36－38.

天平两端的相同重量的砝码后天平的平衡状态，帮助学生对等式有个初步认识。紧接着教师可以提示学生思考天平与等式之间的相似之处，有些学生提出“天平两端同时增加或减去相同的砝码，天平仍然保持平衡，等式两边同时增加或减少同一个数字，等式也依旧保持平衡”，通过这一番话，全班学生都对等式有了深入的认识。此时，教师可以抓住这个机会，向学生提问“若是等式两边同时除或乘相同的数字呢，等式是否还成立”，借助这个问题让学生开展思维体操锻炼，再结合天平实验让学生对自己的想法进行验证，不仅让学生在学习中发现数学的乐趣，而且也能增加学生对教材知识的理解，长此以往有助于学生形成特定的学习思路，进而实现培养数学思想的目标。①

2. 通过大胆猜想，培养学生数学思想

数学是一门逻辑性较强的学科，若是学生基础不牢固，则难以延伸知识。在某种程度上说，数学学习是一个一环扣一环的过程，许多数学新旧知识均具有一定的相似性。② 因此教师可借助数学的这一特点，指导学生在学习数学的过程中结合学习经验进行大胆猜想，总结出其中的共同点，再加上课堂中结合教师讲解的重点，有效实现旧知识迁移至新知识的过程，进而培养学生的数学思想。例如，在《圆柱的体积》教学过程中，教师可以先使用多媒体设备向学生展示长方体、正方体等直观图，让学生结合立体体积的求法猜想计算圆柱体积的方法。在学生思考的同时，教师可以在多媒体设备中展示三个高与底面积均相等的立体图形，让学生思考以下几个问题：“正方体、长方体这两个图形的体积均相等吗?”“正方体与长方体的体积与圆柱体体积相等吗?”待学生形成思路后，教师可以指导学生动手验证自己的想法，利用圆的面积公式推导圆柱体的体积，并且思考如何将圆柱体分割与拼接后变为长方体，再探究体积计算方式。与此同时教师可以演示将圆柱体底面分割的动画，指导学生思考若是将圆柱体底面分成越来越多的分数，会得出什么结果。通过这种方式，不仅可以让学生复习、巩固旧知识，而且在提升学生猜想与推理能力的同时，还能有效培养学生数学思想，让学生借助数学思想的力量促进数学能力的提升。

3. 借助数形结合，培养学生数学思想

对小学生而言，若是统一使用文字语言的形式呈现应用题不仅具有抽象

---

① 葛致利. 基于小学数学教学中培养学生模型思想的研究［J］. 考试周刊，2016（83）：64.

② 史士清. 例谈小学数学思想方法渗透途径［J］. 数学学习与研究，2016（2）：65－65.

性，而且也会让学生感到毫无头绪，甚至产生抗拒学习数学的想法。① 同时，学生无法有效理解题目表达的意思，进而增添了解题难度，抑制了学生数学能力的发展。因此，教师可以借助数形结合的教学方式，通过图形分析题目中隐藏的信息，使复杂难懂的题目变为通俗易懂，帮助学生形成解题思路等同于培养学生的数学思想。例如，在《用括号解决实际问题》的教学过程中，教师可以不直接出示题目，而是向学生展示一副容易看懂的图例，帮助学生理解教材内容。学生在教材例题中可看到："左边篮子中共有 9 个苹果，而篮子外仅有 1 个，使用括号连接篮子内外的两部分，可得出什么结果?"这题实际是在提问篮子内外共有多少个苹果。借助图例可让学生一目了然理解题目的意思，即篮子内的苹果与篮子外的苹果相加后可得出多少个苹果。学生结合之前的学习经验便知使用加法即可解出这一题目。通过这种教学方式，可以让学生从图形结构对数量有直观的感受与了解，同时在解决问题过程中，通过图形的形式可清晰地表示出数量的关系，让学生快速找出解题方法。长此以往，可让学生在解题过程中形成通过图例找到解题方法的思路，或是在图例中寻找题目隐藏的信息，帮助学生打破思维定式，形成数学思想，提高数学的应用能力。

4. 利用分类讨论，培养学生数学思想

学生在每个学期均会学习到诸多新知识，这就导致旧知识与新知识交替出现，若是不注重知识的分类，易使学生出现混淆的现象。因此，教师在教学过程中需向学生强调分类讨论的重要性，通过分类可指导学生观察与分析规律性的知识，帮助学生捋清思路，增加思维条理性。若是在解题过程中，借助分类思想可让学生系统地理解题目表达的意思，进而寻找方法攻破难题。例如，数学植树问题是常见的应用题，教师可以向学生提出这样的问题："在长度为 20m 的公路种树，若是只种一端，每隔 5m 种一棵，可种多少棵树? 若是公路两端都种，一共可以种多少棵?"同时教师可让学生与同桌之间进行讨论。在学生讨论过程中，教师可以指导学生分析种树棵树与种树形式之间的关系，让学生总结讨论的意见，与全班同学一起分享讨论成果。待学生讨论一段时间后，有学生发言："如果只在一端种树，那么就是 $20 \div 5 + 1 = 5$（棵）。"此时教师接着提问："那么公路两端都种树呢?"另一个学生进行补充："那就是 $(20 \div 5 + 1) \times 2 = 10$（棵）。"此外，教师还可以引导学生在表格上列出计算方法，逐步提高学生的理解能力，让学生今后

① 莫玉梅. 略谈数学思想方法与小学数学教学的融合 [J]. 读写算：教师版，2016 (41)：221 - 221.

遇见该类型题目也可快速找出解答方法，不断提升自身的数学素养与能力。

5. 运用转化思维，培养学生数学思想

数学转化思维即学生在遇到数学难题过程中，通过对问题的转化达到解决难题目的的一种思维。同时，转化思维也是学习数学过程必不可少的思考方法，是学生通过事物与事物之间的关系，将复杂难懂的事物变为通俗易懂，不仅可以减少学生在数学学习过程中的种种障碍，而且对于教师培养学生的数学思想、提高学生的数学能力也有一定的帮助。例如，在学生学习《正方体与长方体体积计算》后，教师可以让学生尝试计算不规则铁块的体积。大部分学生因无法计算出该铁块的长、宽、高而感到没有思绪、无从下手，此时教师可以将铁块放进长方形水槽内，让学生观察水槽内水上升的高度，此时已有学生猜测到教师的用意。最后，使用水槽水面上升的高度与底面的长与宽相乘即可得出铁块体积。如此一来，不仅解决了看似无法解决的问题，而且也可让学生尝试转化思维攻克难题，让学生在今后的学习数学过程中学会转换角度思考问题，同时有利于学生掌握数学问题本质，构建属于自己的知识体系，在今后数学的学习中做到游刃有余。

总而言之，小学阶段的学生认知能力与理解能力尚在发育，教师作为学生学习的引导者，在数学学习中不能注重学生的文化知识，更不应过于强调提高数学成绩的重要性，否则必然导致学生产生抵抗学习数学的情绪。因此，培养学生数学思想应作为教师指导学生学习数学的首要目标，同时教师应重视数学思想给学生在数学学习中提供的帮助，充分发挥出数学思想应用的作用。

六、基于核心素养的小学英语案例教学

英语是当今世界上主要的国际通用语言，同时也是世界上应用最广的一种语言。尤其是近年来我国的国际地位不断地提高，会有很多机会与西方国家产生交流与合作，这就需要培养大量精通英语方面的人才。在我国从小学阶段开始就应当注重学生的英语学习。在我国的英语教学新课标中明确地提出了注重学生的英语学习，并强调学生在英语学习的过程中的兴趣、实践与主动性，还要求英语教师转变原有的教学观念，利用案例教学方式进行英语教学，进而有效地提升小学英语课堂教学效率。

当前小学英语教学已经成为学校教学中最重要的一项任务，而小学英语课堂教学的有效性主要取决于学生的参与度，因此要求英语教师在教学的过程中注重激发学生的学习兴趣，营造宽松的学习环境，为学生进行英语学习

奠定良好的基础。然而，在小学英语实际教学过程中，依然存在很多漏洞，阻碍学生的英语学习。在这样的情形下，采用案例教学方式，能够调动学生的学习兴趣，并要求教师提升自己的案例教学技能，积极地利用案例创设对话情境，围绕案例合理地设置问题，进一步促进学生英语学习水平的提升。

近年来有一些专业人士将案例教学应用到日常的英语课堂教学过程中，但是依然处于初始阶段。基于小学英语课堂教学具有一定的灵活性，小学英语教师将案例教学法应用于英语课堂教学中，并且在小学英语课堂教学中取得了明显的效果，有效地促进了学生的英语水平的提升。

案例教学法主要是根据教师的教学目标与培养目的的要求，在英语教学中以案例为基本的素材，然后将学生带入到特定的情境中，分析与解决问题，培养学生运用理论知识形成英语学习能力的一种教学方式。案例教学法具有直观、形象、生动的知识表现，还有具体、深刻的背景，对于学生掌握一定的英语知识，并有效地应用英语具有一定的积极作用。因此，案例教学法是一种简单、有效的英语教学方式，对学生的英语学习具有非常重要的作用。

（一）案例教学在小学英语教学过程中面临的问题

在小学英语教学的过程中，小学生的年龄比较小，学生的理解能力与应用能力比较低，教师可以通过案例教学法将英语知识具体、形象地展现在学生面前，将学生置身于具体的案例情境中，有助于学生进一步理解英语知识，并有效地应用到学习与实践中，培养学生学习英语的兴趣。但是教师在进行英语教学的过程中运用案例教学法依然存在一些问题，需要教师认真地反思。

1. 英语教师运用案例教学技能有待提高

过去的小学英语教师受到传统观念的影响，采用比较保守的案例教学方式，教师的姿势与语言也比较呆板，不能真正地调动学生的学习积极性。让教师采用案例教学法对于一直采用传统教学方式的教师来说是一项比较大的挑战，需要教师不仅具备丰厚的知识储备，还需要熟悉相关的英语教学案例，并具有很强的教学逻辑性和灵活性，这样才能轻松地驾驭小学英语课堂。

当前，在小学英语课堂上的教师，大部分都是高等学校的本科生或者研究生，他们不仅拥有丰厚的知识储备，而且教学观念也比较新颖，容易接受新的教学理念，并灵活地应用，及时地把握新的教学方式，灵活地将英语课本的知识与案例教学方式结合起来，并且有效地结合学生的个性特点进行教学，重点培养学生自主学习的兴趣，培养学生善于思考的好习惯，促使学生在英语学习的过程中能够建立基本的英语口语表达能力，同时学会使用英语的基础知识，促进学生的创新能力与想象力的发展。

2．英语案例教学课堂质量进一步提升

在一般情况下，大部分英语教师在选择一种新的教学方式的时候，会进行周密的备课，按照自己的思路引导学生学习，并且结合学生的个性特点，调动学生的积极性，然后让学生进行模仿，进而有效地促进英语课堂教学质量的提升。但是在实际的英语案例教学过程中，也有教师没有根据学生个性采取合适的案例，没有结合英语教学课程采用图表、漫画、语言、音像等手段呈现文字案例，导致学生不能有效地进行模仿，没有自己的创新。教师在进行案例教学的过程中完全凭借自己的想象力与创造力捏造出来，没有有效地结合学生的英语学习实际情况，因此导致英语案例教学课堂质量不高。

3．小学英语案例教学是一项长期的教学工作

为了保证以后小学英语教学效率的提升，教师应当有相对稳定而可靠的案例应用于英语课堂，真正地实现案例资源共享，有效地建立英语案例资源库，并在一定程度上促进教师灵活地掌握英语案例教学方式，对于学生的英语学习效率的提升具有一定的作用。因此小学英语教师应用案例教学法不能急于求成，一步到位，而是需要在教学中不断地丰富英语案例资源库，时时更新与改进英语资源库，跟上时代的步伐，进而真正地满足案例教学与培养英语人才的需求。小学英语案例教学是一项长期的教学工作，需要广大英语教师继续努力，克服当前的英语案例教学的问题，并充分地发挥英语案例教学法的积极作用。

（二）基于核心素养的小学英语案例教学措施

1．提升教师的教学水平，明确教学目标

教师在进行小学英语教学的过程中，应当努力提升自身的教学水平，并明确英语教学目标，在应用案例教学法的同时，注重学生的素质教育，关注学生的情感状态，进而有效地增强学生英语学习的自信心，让学生在学习英语的过程中能够获得成就感，进一步增强学生的英语综合运用能力。好的开头是成功的一半，英语教师在教学的过程中应当提升自己的教学水平，明确英语教学目标，为有效地进行英语课堂教学奠定良好的基础，系统地定位英语案例教学法的初步教学目标。其次，教师要综合考虑学生的知识水平与年龄特征，结合学生比较喜闻乐见的童话故事或者学生生活实际的例子，巧妙地创设问题，引发学生的思考，并引导学生积极主动地进行探究，真正地实

现英语知识的扩展。最后，教师引出英语课堂教学目标，并紧紧地围绕英语课堂教学目标进行教学，避免使用案例教学法毫无目的地教学，导致英语课堂教学效率降低。

例如部编教科版英语三年级上册 Unit 2　My body 教学过程中，教师应当明确本单元的教学重点，结合英语教学的内容，以锻炼学生的英语单词记忆能力为目标，引导学生巩固所学的英语知识。教师可以从学生喜欢的英语故事入手，然后引导学生一起做“Simon says”游戏，让学生动口、动手，练习身体部位单词，进而有效地帮助学生巩固英语知识。

2. 利用案例开展对话，提升课堂质量

在小学英语课堂教学的过程中，由于学生的年龄普遍偏小，再加上学生一直生活在汉语的环境中，因此英语学习对于学生来说具有一定的困难，如果教师直接运用比较刻板的教学方式让学生理解重难点知识，这样不仅不会提高课堂教学质量，还会让学生直接产生厌烦的心理，这对于小学英语教师来说是一大难题。久而久之，就会导致学生的英语学习效率不高，学生直接放弃英语学习。为了预防上述现象的出现，教师应当充分地利用学生生活中的案例，积极地开展情景对话，结合学生的学习特点与学习水平，合理设计教学对话，集中学生的注意力，调动学生的积极性，为学生创设对话情境，让学生在对话中轻松地学习英语，有效地掌握重难点英语知识。首先教师可以利用一段英语对话，引导学生了解英语学习的重点，然后让学生进行分组表演，在此基础上锻炼学生的英语口语能力，并在一定程度上拉近了师生之间的距离，有利于学生之间的交流与合作、培养学生的团队意识，进而提升小学英语课堂教学质量。

例如部编教科版英语三年级下册 Unit 4　My family 教学过程中，教师以介绍家人为例，进而展开英语对话。教师可以逐个出示 Mike 的家庭成员图片，引导学生说“This is Mike’s…”并将人物图片贴在黑板上，出示单词卡片 father、mother、brother、sister、grandpa、grandma，请学生认读并将卡片随意贴在黑板上，锻炼学生的英语口语能力，提升学生的团结合作能力。

3. 围绕英语教学案例，合理设置问题

“师者，传道授业解惑也。”因此小学英语教师在进行英语教学的过程中，围绕英语教学案例，应当围绕学生的个性特点设置问题，全面走进学生的内心，并了解学生的成长环境与个性特点，引导学生解决英语问题，进而增强英语课堂教学的实践性，让学生的大脑真正地动起来。教师应当抓住学生对新鲜事物的好奇心，进一步激发学生的求知欲，合理地设置教学问题，并进一步帮助学生形成正确的学习思维模式，让学生真正地掌握英语学习方法，提升学生的英语学习水平，促进学生英语学习效果的提高。

例如部编教科版英语五年级下册 Unit 4　Last Weekend 教学过程中，教师以故事开头，介绍了小朋友周末的活动，之后可以提问："What are the children's weekend activities?"引导学生进行探究，展开思考，引导学生带着问题学习英语故事，进行有目的的学习，提升学习效率。

综上所述，我国的小学英语教育已经取得了令人瞩目的成绩，同时有效地增强了学生的英语学习能力，学生的英语水平也有所提升。但是在小学英语教学的过程中依然存在一些问题。案例教学法依然需要广大教师克服当前的困难，并积极地发挥案例教学法的作用，全面了解学生的个性特点，引导学生进行反思，不断地完善案例教学方式，让学生真正地动起来，提高整体教学质量，促进学生全面发展。

（三）案例教学促进英语综合语言运用能力素养发展

英语学习的最终目标就是为了培养学生的语言综合运用能力。在全面培养小学生语言能力的过程中，应当以综合能力的培养以及提升作为最终目标，使学生可以在听说读写的过程中充分领悟到学习的乐趣，为日后的英语学习打下扎实稳固的根基。

英语课程标准特别强调，英语学习的最终目标就是为了培养学生的语言综合运用能力。传统形式下的小学英语教学，教师更多地关注学生的读，这是对听、说以及写三大要素的极大忽视。在语言交际的过程中，写的过程需要关联思想，是一项基本技能。而英语教学应当以听、说作为教学先导，这样才有助于推动学生听说读写技能的全面发展，才能够和当前英语教学的目标、教学任务以及学习规律相吻合。但是这些训练切不可相互独立，而应当成为一个整体，要做到听中有说、说前有听，还要注重听后说、写、读的有机融合。只有保障这四项技能的相互配合，才能顺利达成教学目标，完成教学任务，才真正有助于促进综合素养以及语用能力的提升。

1. 借助绘本配音，培养综合语言能力

绘本配音活动具有非常典型的实践性，也是一种具有综合性的口语活动。其不仅是语言工具性以及艺术美的有机融合，同时也是全面提升学生语言素养以及综合语言能力的有效途径。

绘本大都以图片为主，文字只具有辅助功能，因此其最突出的特征就是充满形象性和生动性，而且简单易懂。在英语学习过程中选择绘本的方式，有益于促进学生对相关知识的掌握。教师可以根据语篇中所涉及的内容，增设与此话题相似的绘本。当学生们看到这色彩鲜艳、形象生动的图画之后，

必然能够被其吸引，激活主动学习热情。在对绘本进行配音的过程中，教师可以将这一主动权充分交给学生，鼓励学生以小组为单位自主完成配音任务，或者可以结合角色扮演的方式体会体验式配音。在配音的过程中，既能够还原文本，同时也可以深化对故事的感悟。

例如，在部编教科版小学英语三年级下册“Let's colour it”第二课时的教学中，教师向学生补充了同步绘本 *A Red Coat*，同时向学生布置了故事配音的任务，鼓励学生积极参与角色扮演。

2. 借助 free talk 语境，培养综合语言能力

在英语教学过程中，很多学生经常会在课堂上保持沉默，或者由于个性内向，或者由于对英语学习缺少信心，或者存在其他顾虑，这些都会对学生口语交际能力的提升形成较为深远的影响，更无从谈及提升语言素养以及综合语言能力。所以，教学中要善于为学生创设“free talk”语境，要在课堂上让学生进行自由的谈话以及随意的交流。通过创设真实的语境，学生可以在良好的氛围中开展自由度较高的交流活动，既能够保持充分的自由，又有助于促进综合运用能力的提升。free talk 的精髓在于为学生提供 free 的机会，这样就有助于促进将个人想法转化为英语表达，和同学之间展开交流。而教师在其中最主要的功能就是理清学生的表达思路，做一名忠实的听众。

（1）保障 free 的权利。在组织 free talk 活动的过程中，首先应当给予学生充分的自主权，包括希望交流的内容以及想说的话，这样他们才能够自主且兴奋地进行表达，哪怕其中会存在未学习过的表达知识或者难以表达的情况，他们都会毫不在意。由此可见，给予其充分的 free 机会是核心所在，实际上这才是学习语言最有效、最快捷的方式。

那么，作为教师怎样才能充分保障学生的 free 权利呢？首先就是为学生创设良好的情境，这是活动能够顺利开展的前提和保障。在这一情境中，学生可以自由发挥，可以展开真实的情感表达。如，在记者采访的情景中，由学生担任记者的角色，当他手持麦克风找同学进行采访的过程中，所涉及的话题就是具体的采访内容，也就是了解学生的真实状况。如：How old are you? What food do you like? What animals do you like? What can you do? 此时学生便可结合自身对此进行回答，作为记者，有权选择提问的问题以及所问及的对象，所以在思维上是自由的交流，充满真实感。

（2）确保 free 的实效。为了真正地确保 free 的交流实效，教师必须要在语境中给予相应的语言支持，这样学生才能够在教师的帮助下做出更准确的表达。例如，一位教师在组织一年级的小学生开展 free talk 的过程中就是这样做的。因为对于一年级的小学生而言，他们对英语语言的接触很少，单词

量有限，而且基本只能说出几个简单的句子。很显然，组织 free talk 难度很高，但是，他们同样具有思想，愿意表达个人想法，再加上这一年龄段的孩子们既热情又活泼，还愿意不断尝试新事物，不惧怕失败，会对新接触的语言产生浓厚的学习兴趣。

例如，小学生利用英语说自己的喜好："I like apples，I like dogs，I like green." 此时教师可以向他们提问："Why?" 并可顺势引出句型 "because…" 如 I like apples，because they are so sweet. 在这样真实的情境中，学生们会积极主动地接受新句型，因为渴望表达，所以能够有效地加深记忆、高效地掌握知识。经过教学验证，即使是学习能力相对较弱的学生，也能够顺利完成 free talk 的内容。由此可见，作为教师，应当在恰当的时机给予恰当的指导，这是保障这一活动能够顺利进行的基础，同时也有助于全面提升表达的质量。但是需要特别强调的是，对于学生的指导应顺应学生的思维，切不可干预影响他们的思维。

3. 借助跨文化交际，培养综合语言能力

小学生所掌握的词汇量相对较少，对文化的理解较为浅显。所以在教学实践中，要为学生创设直观且生动的跨文化交际情景，引导学生通过视频进行差异对比，并结合由浅入深、层层深入的方式，一边学习一边体会。同样，在学习打招呼、问候语或者告别语的过程中，也可以结合肢体以及语言等方面的对比，体现中西方之间的差异。如，在西方，初次见面和熟人相见，所使用的问候语是不同的。中国人最常见的就是见面表达"你吃饭了吗"，或者通过询问"你多大了"表示对对方的关心，在西方国家这一点却是较为显著的禁忌，特别是对成年女士，会涉及她们的隐私。

例如，在部编教科版小学英语教材中有一个单元是和饮食文化相关，在 Let's Learn 这一版块中所学习的内容是"餐桌礼仪"以及中西餐具，所涉及的对话句型为："Would you like…?" "Yes，please." 所涉及的主要单词包括 bowl、spoon、chopsticks、fork、knife 等。在执教学中，我们应当有意识地渗透中西方的餐饮文化知识，这样才能坚持做中学这一原则，才能够在对比中引导学生发现中西文化的差异，促进他们对文化的理解。一位教师在教学这一内容时设计了如下教学环节：

首先是认识餐具。通过图片的方式展现中西方用餐情景，着重突出餐具的使用和摆放。其次是餐具的摆放礼仪。借助摆一摆、学一学的方式，了解刀叉的具体摆放位置。再次是餐桌的对话礼仪。在用餐时，如何表达询问、感谢以及请求。最后是播放视频。所播放的片段是西方的感恩节以及中国吃年夜饭时的就餐场景。这样，学生通过对比，就能够充分领悟中西方国家的不同就餐文化以及就餐礼仪，促进文化理解，提升文化意识。

实践证明，在生活中，中西方之间的差异还体现在电话交流的过程中。所以，教师还可以为学生创设其他真实的场景，基于生活对比或者模拟练习等诸多方式，帮助学生了解文化礼仪，树立文化意识，促进语言素养的提升。

4. 借助整合性主题，培养综合语言能力

在部编教科版小学英语教材中，文本所涉及的知识点繁多且零散，然而小学生在阅读文本的过程中，并不能够做到长时间地集中注意力，因此，面对这样零散的内容时，必然不能保障高效化的阅读。教师应当对文本进行二次开发，基于一个主题对文本中零散的内容集中进行处理，一方面确保有明确的主线，另一方面也能够使其和小学生的阅读思维相适应，有助于拓展小学生的文本阅读视野。

例如，在教学 dinner's ready 时，为了帮助学生了解怎样才能够用英语正确表述一日三餐，教师组织学生自主设计三餐的菜谱并补充了一部分食物的英语名称，如 egg、milk、soy milk、potato 等。同时还补充了相关句型：What's for breakfast/lunch/dinner? We've got hamburgers, eggs and milk…既涉及丰富的词汇，也包含部分句型的输入，极大地拓展了学生的学习空间以及创新空间。在教师的积极鼓励和引导下，学生展开了如下对话：

S1：What's for dinner?

S2：We've got tomato, egg, chicken and soy milk.

S1：Do you like ghee dinner?

S2：Yes, I do.

S1：Why?

S2：It's so delicious.

上述教学案例中，学生们开展了非常广泛的学习，既了解三餐的英文单词，也能够对三餐吃什么展开较为细致的对话，最后辅以简短的评价。这样的学习过程充满活力和动力，是对传统教学模式的有效突破。很显然，这种对话形式有助于激发学生的创新思维。

总之，基于听说读写的有机融合，有助于全面提升小学生的英语语言能力以及表达能力，它涵纳了教学过程中所涉及的所有语用能力，是教学实践中不可或缺的重要构成。

第三部分　效果评价研究

第六章　案例教学过程评价

教育教学研究中的行动研究法包括广义和狭义两种。广义的“行动研究”是指在自然、真实的教育环境中，教育实际工作者按照一定的操作程序，综合运用多种研究方法与技术，以解决教育实际问题为首要目标的一种研究模式。狭义的“行动研究”是指教师在教育教学实践中基于实际问题解决的需要，与专家合作，将问题发展成研究主题进行系统的研究，以解决问题为目的的一种研究方法。本书所说的“行动研究”指的是广义的行动研究，根据研究目标和研究内容安排，综合运用多种研究方法与技术，主要采用5W2H分析法、课堂观察法和测试成绩对比法，对案例教学在小学语文、数学、英语三个学科中促进小学生发展核心素养的效果进行评价。项目组成员首先阅读收集的原始资料，包括案例、课堂教学录像、调查问卷、心得体会、质量检测表和质量分析报告等。其次对收集的资料进行初级加工、编码整理、情景分析和类属分析，形成系统化的资料分析，最后以文字或图表的形式呈现。对在实践研究中获取的原始资料，则具体分析实验班在实验前、实验中、实验后教学质量的差异，形成研究报告。

一、5W2H分析法

研究报告围绕小学语文阅读教学中案例教学要解决的问题、拟定解决的思路、实施与改进过程、反思与收获四大方面来撰写。实施与改进过程体现了跟踪与改进。在第一次实施后，采用5W2H分析法探讨了小学语文阅读教学中案例教学所涉及的为什么要研究（why）、研究主体是谁（who）、研究什么（what）、何时研究（when）、何地研究（where）、怎样研究（how）和研究效果怎样（however）等七个要素，并结合具体的小学语文阅读教学实践对其加以阐释，提出了小学语文阅读教学中应用案例教学的具体操作方法以及对学生自主学习、合作探究能力所造成的影响，给同类问题的研究提供了新思路，积累了原始资料。

范例

“小学语文、数学、英语学科案例教学论”研究报告（一）

一、问题分析

本实例要解决的问题是教师在小学语文阅读教学中如何应用案例教学。该问题的具体疑难点是明确案例教学的内涵和外延。

二、拟定解决思路

拟定解决思路是：组织理论学习，开展教学实践，定期进行研讨交流，聘请专家来校指导（如图7所示）。

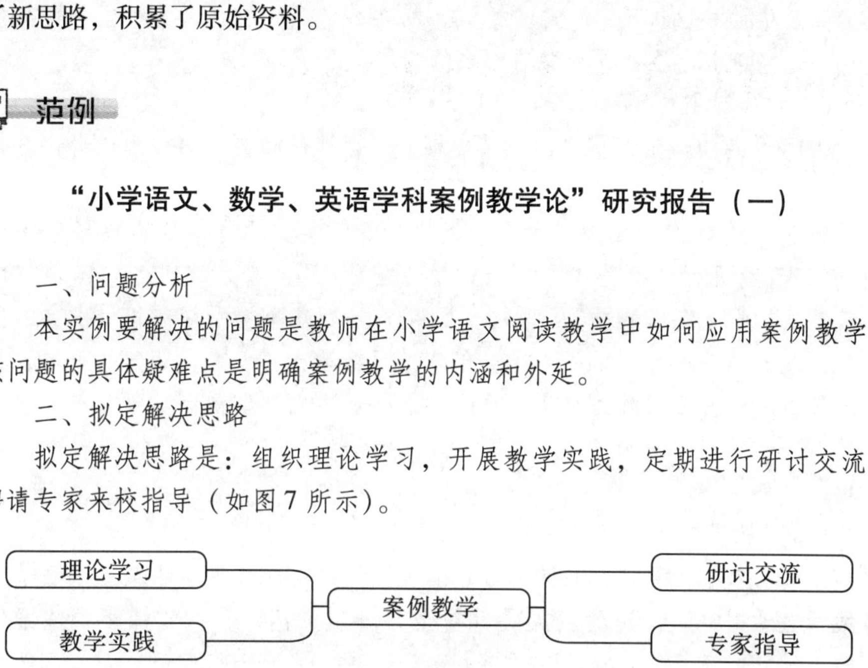

图7　解决思路图

三、实施与改进过程

（一）组建研究团队

1. 成立课题研讨组。课题组成员签订合同，分工，明确研究任务。六位语文教师分别执教一至六年级。六位教师是实验教师，其所在班级就是实验班。课题负责人建立课题研讨QQ群。

2. 布置研究任务。①认真研读课题论证书，掌握课题内容和研究方法。②录好一节实验前的常态语文课。③六位实验教师按课题要求备课。备课环节包括：明确教学目标、精心选编案例、课前自主学习、课中合作探究、课后拓展评价。选取适合的课文来开展实验研究。备课可参考课题负责人提供的作文教学案例中的几个环节来进行。上课则运用案例教学法进行实验研究。期末撰写实验体会。

（二）理论学习

首先组织课题组成员开展理论学习。理论学习方式分为自学和集中学习两种。课题组成员可以自行上知网、到图书馆查阅国内外案例教学相关研究文献。课题组也统一组织学习了“小学语文课堂教学中案例教学的应用研究”课题认证书，以及《小学语文案例式教学策略的构建与实施》《小学语文案例教学模式探析》《“案例教学”的实践与思考》《以案析理、提高效率——论案例教学在小学语文教学中的应用》等文章。

（三）研讨交流

2015学年上学期，课题组成员定期召开课题研讨会。第一次研讨内容是“是否每节语文课都用案例教学”；第二次研讨内容是“怎么备课”；第三次研讨内容是“案例教学模式如何执行”；第四次研讨内容是“重新审视课题”；第五次研讨内容是“再次研讨案例是什么”；第六次研讨内容是“案例教学法对学生有何影响”。每一次研讨会上，课题组成员都积极发言，提出自己的困惑，有时为了一个观点会争得面红耳赤。但是，激烈的争辩，收获的是思维碰撞后闪耀的智慧。最后大家终于达成一致观点。研究者们在一次又一次的研讨、争辩中成长，课题的力量也在一次又一次的交锋中慢慢显现。

（四）课堂实施

第一次课堂实施是针对课文难点编制案例，在课堂教学中某一个环节开展案例教学；第二次课堂实施是针对全文编制案例，在整堂课上实施案例教学。

（五）专家指导

课题负责人以专家组论证意见为指导，采用5W2H分析法对第一次课堂实施情况，从七个维度进行评判，根据第一次课堂实施后的经验和教训，确定具体改进的小维度（见表4）。

（六）反思与收获

现行做法经过5W2H七个维度四个层次的审核，无懈可击，可以确定案例教学在小学语文课堂教学中的应用是可行的。通过北京师范大学朱志勇教授、广东第二师范学院闫德明教授、广州市教育研究院教研室语文科王亚芸科长、广州市海珠区教育发展研究院科研部费伦猛部长和佘晓棠科研员五位专家的指导，在广州市海珠区教育局蔡健安局长的鼓舞下，课题组成员不断实践探究，终于解决了课题研究的第一个问题“小学语文课堂教学中如何应用案例教学”，也明确了案例教学的内涵和外延，明确了研究的创新之处真正在于提升学生自主、合作、探究能力。

表4 5W2H分析表

5W2H	层次1	层次2	层次3	层次4	层次5
Who	**是谁?** 一至六年级每个年级一位实验教师；一至六年级每个年级一个实验班的学生	**为什么是他?** 针对小学师生；社会发展需要创新型人才；《纲要》精神；语文新课标倡导自主、合作、探究的学习方式；强化学生自主学习能力、合作探究精神	**有更合适的人吗?** 四至六年级每个年级一位实验教师；四至六年级每个年级一个实验班的学生	**为什么是更合适的人?** 四至六年级的学生有一定的自学能力、一定的合作学习基础，一至三年级学生自主、合作的学习习惯培养刚起步	**定人员:** 四至六年级每个年级一位实验教师；四至六年级每个年级一个实验班的学生
When	**什么时候?** 新课程实施时	**为什么在这个时候?** 社会进步；新课标要求；高科技进入课堂、进入平常百姓家；全国各地课改风起云涌	**有更合适的时间吗?** 当前	**为什么是更合适的时间?** 抓住了当前小学语文教学改革的热点和难点问题	**定时间:** 定顺序； 当前
Where	**什么地点?** 课堂	**为什么在这个地点?** 课堂是教学的主阵地；教师的教学策略在课堂上实施；学生学习习惯、知识的获取、能力的培养主要在课堂上达成	**有更合适的地点吗?** 四至六年级小学语文课堂	**为什么是更合适的理由?** 课题负责人长期从事语文一线教学工作；从学科视角，有一定经验；四至六年级学生对新事物比较容易接受	**定地点:** 四至六年级小学语文课堂

续上表

5W2H	层次 1	层次 2	层次 3	层次 4	层次 5
Why	**什么原因？** 灌输式教学	**为什么是这个原因？** 与 20 年前或更早相比，面对信息时代的学生，教师的教学策略没有发生多大变化，课堂上仍以农业时代灌输式的教学方式为主	**有更合适的理由吗？** 教育观念落后，教学方法落后	**为什么是更合适的事情？** 当前社会，进入信息时代，科技迅猛发展，传统的教学方法已经不能满足学生对知识的渴求，也不适应社会发展的需要。所以，转变教育观念、改变教学方法是当务之急	**定原因：** 教学方法落后
What	**什么事情？** 课堂教学改革	**为什么做这个事情？** 新课程的实施；以往的课堂教学难以适应新课标的要求	**有更合适的事情吗？** 事情：教学方式变革； 主题：在小学语文课堂教学中应用案例教学	**为什么是更合适的方法？** 教师角色转换，变主角为配角，变主导者为主持人、引导者；课堂以学生为主体，把课堂还给学生，提升学生自主学习、合作探究的能力；培养创新型人才	**定事、定主题：** 事情：教学方式变革； 主题：在小学语文课堂教学中应用案例教学

续上表

5W2H	层次 1	层次 2	层次 3	层次 4	层次 5
How	**如何做？** 本研究所说的案例教学法，是指教师先提出问题，让学生带着问题，对教师精心编制的案例进行分析，从而理解、掌握某个知识点或突破重点、难点。 教学模式：明确教学目标、精心选编案例、课前自主学习、课中合作探究、课后拓展评价；进行“前置后移课堂重构”的教学方式变革	**为什么采用这个方法？** 案例只是学生学习时用来突破某个知识点的媒介或平台，采用这个方法的创新之处在于教师教学方式的变革、学生学习方式的彻底改变。教师角色转换，由“教师、讲师”转变为“导师”，教师不再给学生灌输知识，而是引导学生去探究知识。课堂不再以教师为主导，而是以学生为主体，把课堂还给学生。学生采用自主、合作、探究的学习方式，不再是被动接受，而是主动学习、主动探究	**有更合适的方法吗？** 明确案例的内涵和外延：本研究中的案例指的是典型的、可以帮助学生在学习时突破某个知识点或重点、难点的实例。这个实例的表现形式不限，可以是微课、动画、视频、录像、故事、学习单等。 备课模式：内容简析—学情分析—设计理念—教学目标—教学重点—教学难点—教学准备［编制案例—课前自主学习—课前分小组讨论（自愿）］—教学时间—教学流程（保持语文课的听说读写学科特点，体现语文味。在突破某个知识点或重点、难点时应用案例教学，采用合作探究的方法来进行教学，具体操作方法如下：小组讨论—陈述—质疑—答辩—点评—总结—课后拓展评价）—板书设计	**为什么是更合适的？** 更具体；更具有操作性、针对性	**定方法：** 备课模式：内容简析—学情分析—设计理念—教学目标—教学重点—教学难点—教学准备［编制案例—课前自主学习—课前分小组讨论（自愿）］—教学时间—教学流程（保持语文课的听说读写学科特点，体现语文味。在突破某个知识点或重点、难点时应用案例教学，采用合作探究的方法来进行教学，具体操作方法如下：小组讨论—陈述—质　疑—答　辩—点评—总结—课后拓展评价）—板书设计

续上表

5W2H	层次 1	层次 2	层次 3	层次 4	层次 5
How much	**效果如何?** 学生学习兴趣浓，自学能力增强，合作意识增强，质疑解疑能力得到提升，但小组合作学习放在课前的效果不是很理想	**为什么会产生这些效果?** 案例教学的应用；教学方式变革；以学生课前自学、小组合作学习、课中合作探究的方式开展学习全过程，因此，学生的自学能力、合作探究能力得以提升	**有更好的效益吗?** 在课前自主学习、课中合作探究、课后拓展评价环节保留的前提下，课前小组合作学习可设可不设，把小组合作学习放到课中。这样学生的自主、合作、探究能力均能得到很好的提升	**为什么是更好的效益?** 现阶段，课前小组合作学习还存在一定困难，有的家庭没有网络，有的家长不支持孩子放学后外出。因此，课前不做强调，供学生自行选择，有条件的可以在课前多和同学进行网络交流，这样符合当前实际。课中先进行小组合作学习，让全组学生都参与讨论，既培养学生合作能力，也能让学生在讨论中解疑。合作学习除了小组合作之外，还有小组与小组之间、小组与教师之间的合作	**定程度、定效果:** 程度：在课前自主学习、课中合作探究、课后拓展评价环节保留的前提下，课前小组合作学习可设可不设，把小组合作学习放到课中。 效果：学生的自主、合作、探究能力均能得到很好的提升，同时也能解决课前小组合作学习效果不佳的问题
程度	低——→高				

1. 明确研究范围。四至六年级人教版语文教材阅读课文。

2. 明确研究对象。研究对象为四至六年级的语文课堂阅读教学。每个年级选一个班作为实验班，主要教授的内容是人民教育出版社出版的四至六年级语文教材中适合开展案例教学的阅读课文。课题组成员都选择自己任教班级的语文阅读课，从课文中选取一个知识点或课文的重点、难点，精心编制案例，开展案例教学。课题组成员由老、中、青三代教师结合，都以自己任教班级的语文阅读教学作为研究对象，主要分析案例教学在小学语文阅读教学中的应用情况，从中梳理出具体操作方法，以及教师使用案例教学对学生自主学习、合作探究能力产生的影响。

3. 明确案例所指。案例就是人们在生产生活当中所经历的典型的富有多种意义的事件陈述。案例有个例、实例、个案等几种提法。本研究中的案例指的是典型的、可以帮助学生在学习时突破某个知识点或重点、难点的实例。这个实例的表现形式不限，可以是微课、动画、视频、录像、故事、学习单等。比如，六年级实验教师在教学《詹天佑》这一课时，为了让学生学习“制服陡坡”这一节，体会詹天佑高超的智慧，精心编制火车在“人”字形线路上行驶情景的动画；五年级实验教师在教学《草原》一文时，为了让学生更好地体会草原的辽阔、秀美，精心剪辑草原一碧千里、雪白的羊群、柔美的小丘、静立不动的牛马等特定场景的录像；四年级实验教师在教学《幸福是什么》一文时，为了让学生知道幸福是什么，培养爱劳动、乐于助人的优良品质，组织学生根据三个牧羊的孩子寻找和认识“幸福是什么”这一故事精心编排课本剧。

4. 明确案例教学法。本研究所说的案例教学法，是指教师先提出问题，让学生带着问题对教师精心编制的案例进行分析，从而理解、掌握某个知识点或突破重点、难点。比如，《桂林山水》一文的教学中，为了让学生感受桂林山的、奇、秀险和漓江水的静、清、绿，实验教师精心挑选了桂林的“老人山”“巨象山”“骆驼山”“锦屏山”“竹笋山”和一些危峰怪石等独具特色的山景，同时，有一位渔翁划着一个小竹筏在清澈见底、水平如镜、犹如一块碧绿的翡翠的漓江上荡漾，特制了一段山清水秀、渔歌唱晚的富有诗意的录像，让学生带着“桂林的山和漓江的水各有什么特点”这个问题去观看录像，使学生有了直观的感受，再加上积极开展小组讨论，更容易感受桂林山的奇、秀、险和漓江水的静、清、绿，从而激发对祖国大好河山的热爱。

5. 明确案例教学的模式。本研究中所指的案例教学的模式，包含“明确教学目标—精心选编案例—课前自主学习—课中合作探究—课后拓展评价”五个环节。小学语文阅读教学中应用案例教学要求选取一篇适合开展案例教学的阅读课文的一个课时。备课模式：内容简析—学情分析—设计理念—教学目标—教学重点—教学难点—教学准备［编制案例—学生课前自主学习—学生课前分小组讨论（自愿参加）］—教学时间—教学流程（保持语文课的听说读写学科特点，体现语文味。在突破某个知识点或重点、难点时应用案例教学，采用合作探究的方法来进行教学，具体操作方法如下：四人小组讨论—小组派代表陈述、小组其他成员补充—其他小组成员质疑—汇报小组成员答辩—教师点评—学生总结—课后拓展评价）—板书设计。采用传统语文课堂教学中听说读写训练的方法，将传统语文教学听说读写训练与案例教学结合起来，既保持语文味，又开放课堂，让学生自主学习，在合作探究中感受语文的魅力。案例教学要灵活运用，切忌生搬硬套。

6. 明确研究思路。首先，根据《广州市教育科学“十二五”规划2015年度课题指南》，结合研究条件和自身研究优势，确定“案例教学在小学语文阅读教学中的应用研究”这一选题。其次，查阅大量相关文献和权威政策文本，了解国内外研究现状，奠定课题研究的理论基础。再次，根据研究目标和研究内容安排，重点采用实证研究中的质性研究，包括观察法、实物收集法等，研究小学语文阅读教学中教师使用案例教学的具体操作方法以及教师使用案例教学对学生自主学习、合作探究能力产生了什么影响，并确定课题组成员所任教的班级作为研究对象。收集在实践研究中获取的许多新鲜而直观的教学案例、录像、数据资料、调查结果，并对这些原始资料进行分析、梳理。基于这些梳理，对案例教学在小学语文阅读教学中的应用情况进行整体的认识和把握，采用5W2H分析法从七个维度对案例教学法在小学语文阅读教学中的应用进行评判。最后，撰写《案例教学在小学语文阅读教学中的应用研究》中期实验报告和《案例案例教学在小学语文阅读教学中的应用研究》结题报告。

二、课堂观察法

课堂观察法即在教学过程中，边实践，边观察，边探索，把研究与实践紧密地结合起来；边归纳，边总结，最终探索出案例教学在小学语文、数学、英语课堂教学中的有效运用方法。本研究进行课堂观察时采用的观察量表有“教学资源的分配”观察量表、“课堂师生互动模式”观察量表、“互动教学有效性”观察量表、“课标要求与录像课堂教学的比较”观察量表等。

范例

“小学语数英学科案例教学论”研究报告（二）

以广州市海珠区石溪劬劳小学五年级实验教师王歆狄执教的语文公开课为例进行课堂观察。该课是人教版语文教科书第十册的阅读课文《威尼斯的小艇》第一课时。

一、教学资源的分配

整个课堂教学中，教师提出供学生回答的正式问题共7个。具体分布如图8所示。

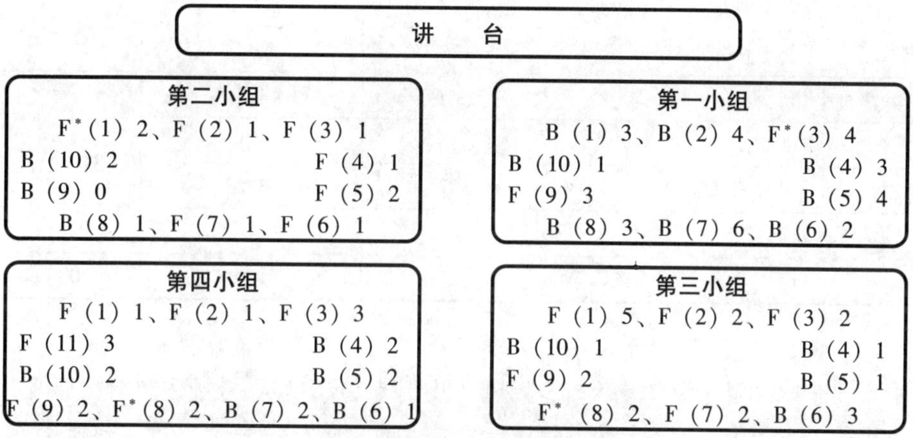

图8　课堂教学中回答问题机会的分配

注：①图中共有4个合作学习小组。每个小组的人数平均分配，均为10～11人。B代表男生，F代表女生。带＊的为该小组组长。

②括号中的数字代表学生在小组中的座位号，各小组学生的座位号按照课堂上真实的座位号排列。括号后的数字代表学生参与讨论的次数，如“1”表示该生发言1次。

本节课上了45分钟，课堂上的学习时间对学生非常重要。教师对学生的关注主要体现在给学生回答问题的机会。从图1反映的情况来看，这个班共有41人。这节课上教师共提出7个问题，4个小组都参与了讨论，除了一位学生没有发言之外，其余40位学生都获得了发言机会，占总人数的97.56%。由此可见，在这节课上，作为回答教师提出问题机会的教学资源的分配是相对公平的。[①]

二、师生互动模式

在这节课上，每个学生的学习兴趣如何被激发？学生的合作能力如何培养？学生的探究能力如何提高？学生个体又是如何利用案例来了解小艇的特点和它与人们生活的密切关系，如何学习作者抓住事物的特点并把人的活动同景物、风情结合起来描写？对于这些问题，我们可以运用课堂师生互动模式（如表5所示）来进行分析。

表5　课堂师生互动模式

师生互动模式	所占用的时间/秒	在整堂课中所占比例/%	师生各占比例/%
教师向全班提问、引导	473	17.52	18.52
教师操作电脑	27	1.00	
学生个体汇报，生生参与探究	1316	48.74	81.84
全班齐读，分组读	435	16.11	
学生看图、看视频	357	13.22	
学生动笔写字、练笔	92	3.41	
共计	2700	100	100

表5是根据课堂教学录像资料整理出来的师生互动情况分析。从整堂课来看，学生占用了课堂绝大部分时间，比例为81.84%，教师占用时间不多，占比是18.52%，可见这节实验课是以学生为主体，学生是主角，是课堂的主人，教师是配角，起引导作用。与传统课堂教学相比，实验课真正实现了师生角色的转换。学生合作探究在整堂课中所占比例为48.74%，占比几乎达一半，这说明这堂实验课充分调动学生的学习积极性，加强合作，勇于探究，积极参与，积极动脑，培养了合作能力、思辨能力，培养了创新思维。这节实验课还很重视学生朗读能力的培养，全班齐读、分组读占用的时间是16.11%。学生看图、看视频的时间也占了本节实验课的13.22%，通过看图、看视频培养学生的观察能力，同时也创设了教学情境，减少理解的难度，加深学生对课文的理解。另外，学生动笔写字、练笔的时间占了3.41%，在课堂上学习生字词，不仅强调记住音、形、义，还要求能写出来，不仅要写准确，还要写漂亮，强调汉字的书写，强化对汉字的学习。

① 朱志勇. 学位论文开题报告的格式与学位论文的格式［D］. 北京：北京师范大学，2014.

三、教学策略变化

《基础教育课程改革纲要（试行）》提出课程改革的具体目标是改变课程过于注重知识传授的倾向，强调形成积极主动的学习态度，使获得基础知识与基本技能的过程同时成为学会学习和形成正确价值观的过程。加强课程内容与学生生活以及现代社会和科技发展的联系，关注学生的学习兴趣和经验，精选终身学习必备的基础知识和技能。改变课程实施过于强调接受学习、死记硬背、机械训练的现状，倡导学生主动参与、乐于探究、勤于动手，培养学生搜集和处理信息的能力、获取新知识的能力、分析和解决问题的能力以及交流与合作的能力。教师在教学过程中应与学生积极互动、共同发展，要处理好传授知识与培养能力的关系，注重培养学生的独立性和自主性，引导学生质疑、调查、探究，在实践中学习，促进学生在教师指导下主动地、富有个性地学习。教师应尊重学生的人格，关注个体差异，满足不同学生的学习需要，创设能引导学生主动参与的教育环境，激发学生的学习积极性，培养学生掌握和运用知识的态度和能力，使每个学生都能得到充分的发展。

按新课标的要求，课堂互动的"问题"应来自学生，学生是学习的主体，教师要创设情境，激发学生的思维。从《威尼斯的小艇》课堂录像中教师的教学策略来看，主要是以学生为主体，整个过程都在学生自主、合作、探究的学习方式下进行，每一个问题都安排了给学生质疑的机会。教师充当主持人、引导者，学生与学生之间、小组与小组之间合作、探究，解决问题。课前学生还去查阅大量的文献资料，小组内进行了交流、讨论。通过这节课的学习，学生能认识六个生字，会写十个生字，还了解了威尼斯独特的风情、小艇的特点以及它与威尼斯的关系，领会了作者抓住特点和把人的活动同事物、风景结合起来描写的表达方法。如表6所示，这节课的教学达到了新课标的要求。

表6　课标要求与录像中课堂教学的比较

差异的层面	课标要求	录像中的课堂教学
整体	学生是学习的主体。必须面向全体学生，使学生获得基本的语文素养	以学生的学为主，面向全体学生
教师及师生关系	学生是语文学习的主体，教师是学习活动的组织者和引导者。语文教学应在师生平等对话的过程中进行	学生是学习的主人，把课堂还给了学生

续上表

差异的层面	课标要求	录像中的课堂教学
教学方法	自主、合作、探究的学习方式。学科整合。信息多元、互动	采用自主、合作、探究的学习方式。课前查阅资料，课中通过链接资料来理解诗歌，信息多元，知识面广
学生	好奇心、求知欲，自主阅读、自由表达，合作精神、科学精神、问题意识和进取精神	每一个问题都设计了质疑，学生自由表达机会多，整堂课都是在合作、探究学习
教材	内容丰富，人文化；学科趋向整合	内容丰富，人文化；学科整合
教学设备	现代教育技术，网络环境下	本节课发挥了播放图片的功能，充分利用电子白板的交互功能，以及上网查阅资料帮助了解课文内容的功能
教学目标	精细化，三维目标（知识与能力、过程与方法、情感态度与价值观）	关注知识的传授，重视过程与方法、情感态度与价值观目标的实现。
评价方式	多元化，过程与方式多样化	课中学生自我评价，课后学生阅读同类文章并仿写
总体结论	课堂教学达到新课标的要求，与新课改前的教学方法相比有了很大的改进。教师角色实现了转换，教师变主角为配角；在课堂中教师不再是主导者，而是主持人、引导者；课堂以学生为主体，采用了自主、合作、探究式的学习方式，学生的自主学习能力、合作探究能力得到提升	

四、教学效果评价

建构主义思想与方法论是新课程改革的重要理论基础之一，它要求教师反思“教学”这一行动及其所依赖的合法性基础——“知识”。“教”不是“给予”，“学”也不是“接受”。这个研究个案的课堂教学行动呈现出一种新的“知识观”，学生在学校之外（家庭与社区）所获得或形成的“知识”（对人、群体与社会所形成的经验的认知）在很大程度上得到认同，并糅合到课堂“法定文化”的建构中去。这是因为“学生观”的改变，课堂教学策略的变化，也就是案例教学在语文课堂教学中的应用，实现了“前置后移、课堂重构”的教学方式变革，因此这节课呈现出了新的“知识观”。①

此次实施案例教学法，效果是令人比较满意的。这一节研究课，课堂教学达到新课标的要求，课堂以学生为主体，采用了自主、合作、探究式的学习方式，学生主动参与、乐于探究、勤于动手、加强朗读、善于观察，课前学生自主学习，搜集和处理信息的能力也得到了提高，生生之间、组组之间、师生之间互动合作得到加强，提高了学生合作交流的能力，改变了学生传统的学习方式。教师角色实现了转换，教师变主角为配角。在课堂中，教师不再是主导者，而是主持人、引导者。本研究的发现与创新之处，是要研究一种提高课堂教学效率，培养学生自主、合作、探究能力的课堂教学策略。案例教学在语文课堂教学中的应用正是可以打开这道厚重铁门的“试金石”。

三、测试成绩对比法

测试成绩对比法是对实验班在实验前、实验中和实验后的学业质量测试成绩进行对比和分析，以此确定并完善研究方向。参与课题研究的学校共有12所，此次课题组对其中11所学校实验前、实验中和实验后的学业质量测试成绩进行横向和纵向对比，分析案例教学对学生核心素养发展的促进作用，获取课题研究经验和教训，反思总结，提出改进方案，再次进行实验，最后达成研究目标。这11所学校分别是广州市越秀区清水濠小学（省一级学校），广州市天河区五山小学（特色名校）、广州市海珠区石溪劬劳小学（城乡接合部特色学校）、广州市海珠区聚德东小学（原部队子弟学校）、广州市天河区第一实验小学（广州天河中央商务区、城市中轴线上的学校）、广州市绿翠现代实验学校小学部（中小学九年一贯制学校小学部）、华南理工大学附属实验学校小学部（大学附属学校），以及广州市海珠区三滘小学（城乡接合部薄弱学校）、广州市从化区鳌头镇车头小学（农村小学）、广州市黄埔区枫下小学（农村小学）、清远市阳山县第一小学（手拉手结对共建学校）。

11所实验学校实验前后测试成绩对比情况如表7所示。

① 朱志勇．学校教育的科学研究［D］．北京：北京师范大学，2014.

表7　各实验学校实验前、实验中、实验后测试成绩统计表

单位：分

实验学校	总平均分			总及格率			总优秀率		
	实验前	实验中	实验后	实验前	实验中	实验后	实验前	实验中	实验后
天河区五山小学	86.20	87.50	88.20	97.80	100	100	68.20	75.00	83.00
越秀区清水濠小学	94.82	95.72	94.60	100	99.80	99.80	96.80	97.62	95.15
华工附属实验学校	98.00	98.20	99.00	100	100	100	90.00	92.50	96.00
天河区第一实验小学	90.39	91.23	92.44	99.5	99.63	99.88	85.38	87.38	90.44
海珠区聚德东小学	84.56	86.26	88.45	92.68	95.12	97.56	73.17	90.24	95.12
绿翠现代实验学校	96.16	95.65	98.46	100	100	100	93.93	97.61	99.00
海珠区石溪劬劳小学	86.79	88.95	93.04	96.41	97.50	99.33	78.07	84.07	93.37
海珠区三滘小学	93.27	94.56	95.86	100	100	100	92.86	97.62	100
从化区鳌头镇车头小学	79.89	81.56	84.74	85.62	86.95	93.76	65.66	70.30	73.24
黄埔区枫下小学	78.04	79.00	80.06	83.72	85.38	85.67	67.76	69.36	70.96
阳山县第一小学	80.38	83.68	88.31	88.16	91.92	95.99	67.52	76.89	88.09

总的来看，除省一级学校越秀区清水濠小学因当年全区期末测试试题难度较大，总平均分实验后比实验前略有下降外，其他10所实验学校总平均分均呈上升趋势（如图9所示）。其中偏远山区、农村地区和城乡接合部学校总平均分实验后比实验前有非常明显的提升，阳山县第一小学实验后比实验前提高了7.93分，海珠区石溪劬劳小学实验后比实验前提高了6.25分，从化区鳌头镇车头小学实验后比实验前提高了4.85分。可见案例教学对提高不同类型学校的语文、数学、英语课堂教学效率以及促进学生核心素养的发展均有实效，但是成效各有不同。

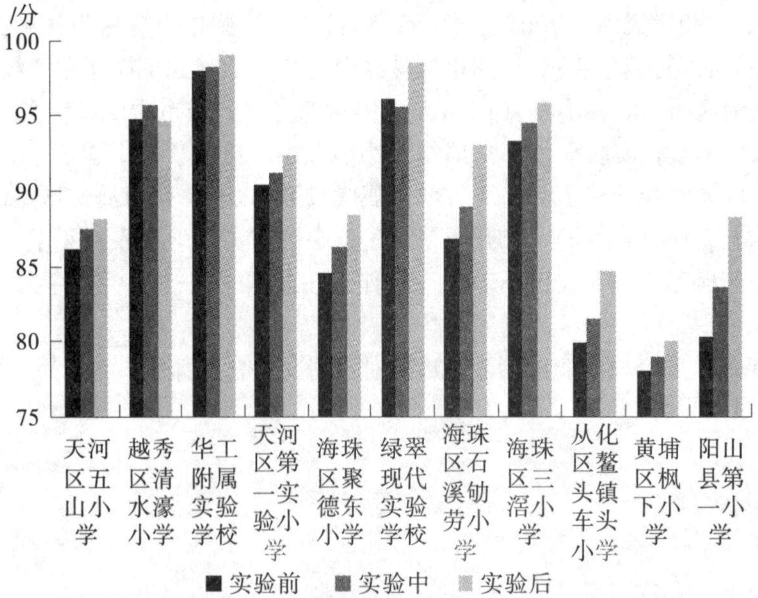

图9　各实验学校实验前后总平均分对比

11 所实验学校中，省一级学校越秀区清水濠小学因当年全区期末测试试题难度较大，总合格率实验后比实验前下降了 0.2 个百分点；华工附属实验学校小学部、绿翠现代实验学校和海珠区三滘小学总合格率实验前已达 100%，保持不变；其余 7 所实验学校总合格率实验后比实验前均有上升（如图 10 所示）。其中，从化区鳌头镇车头小学总及格率实验后比实验前提高了 8.14 个百分点，阳山县第一小学总及格率实验后比实验前提高了 7.83 个百分点，海珠区聚德东小学总及格率实验后比实验前提高了 4.88 个百分点。可见案例教学对促进课堂教学改革以及小学生核心素养发展确有实效。

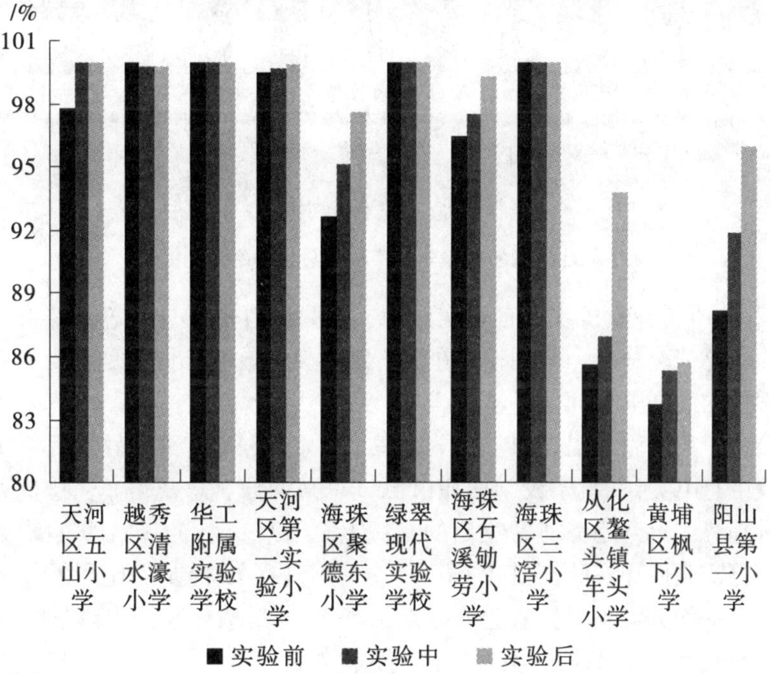

图 10 各实验学校实验前后总及格率对比

11 所实验学校中，省一级学校越秀区清水濠小学因当年全区期末测试试题难度较大，总优秀率实验后比实验前下降了 1.65 个百分点；其余 10 所实验学校总优秀率实验后比实验前均有上升，且上升幅度较大（如图 11 所示）。其中，海珠区聚德东小学总优秀率实验后比实验前上升了 21.95 个百分点，阳山县第一小学总优秀率实验后比实验前上升了 20.57 个百分点，海珠区石溪勂劳小学总优秀率实验后比实验前上升了 15.3 个百分点，天河区五山小学总优秀率实验后比实验前上升了 14.8 个百分点。

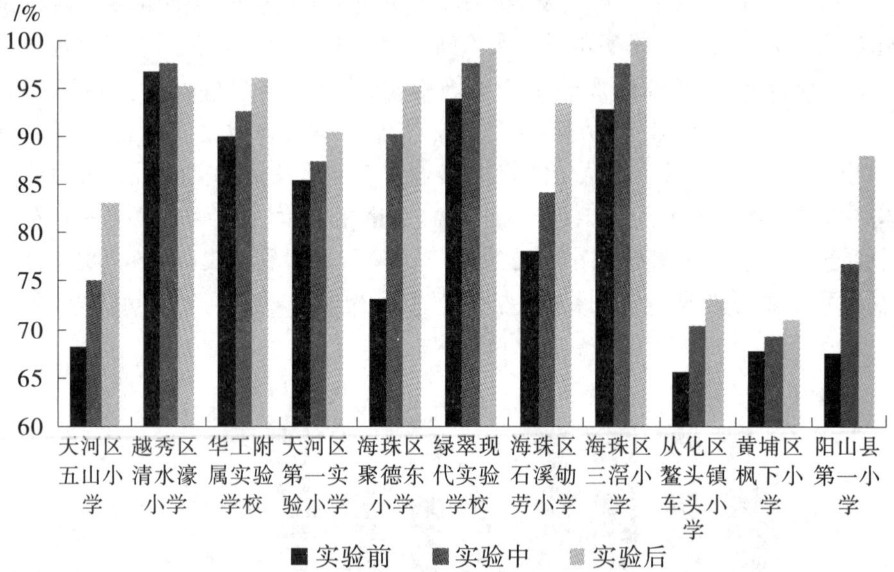

图 11　各实验学校实验后总优秀率对比

从 11 所实验学校实验前、实验中、实验后总平均分、总及格率和总优秀率的对比情况分析，案例教学在提高课堂教学效率、促进偏远山区和农村地区学校的发展等方面效果显著。

第一，案例教学提高课堂教学效率效果显著。实施案例教学后，11 所实验学校中有 10 所实验学校学业质量测试总平均分、总及格率、总优秀率均呈上升趋势。上升趋势非常突出的有：阳山县第一小学 16 个实验班语数英总平均分实验后比实验前提高了 7.93 分，海珠区石溪劬劳小学 16 个实验班语数英总平均分实验后比实验前提高了 6.25 分，从化区鳌头镇车头小学 16 个实验班语数英总平均分实验后比实验前提高了 4.85 分；从化区鳌头镇车头小学 16 个实验班语数英总及格率实验后比实验前提高了 8.14 个百分点，阳山县第一小学 16 个实验班语数英总及格率实验后比实验前提高了 7.83 个百分点，海珠区聚德东小学实验班四年级（3）班语文总及格率实验后比实验前提高了 4.88 个百分点；海珠区聚德东小学实验班四年级（3）班语文总优秀率实验后比实验前提高了 21.95 个百分点，阳山县第一小学 16 个实验班语数英总优秀率实验后比实验前提高了 20.57 个百分点，海珠区石溪劬劳小学 16 个实验班语数英总优秀率实验后比实验前提高了 15.3 个百分点，天河区五山小学实验班三年级（1）班语文总优秀率实验后比实验前提高了 14.8 个百分点。值得一提的是，省一级学校越秀区清水濠小学 16 个实验班语数英学科总平均分实验后比实验前下降了 0.22 分、总及格率实验后比实验前下降了 0.2 个百分点、总优秀率实验后比实验前下降了 1.65 个百分点。但是根据清水濠小学在本校横向比较中呈现的数据反映，该校实验班的总平均分、总及格率、总优秀率均远超平行普通班。自清水濠小学实施案例教学以来，近两年学校语文、数学学科的成绩跃居广州市越秀区第一名，英语成绩也位列全区前十。之所以出现实验后总平均分、总及格率、总优秀率略有下降的现象，与期末越秀区内统测试题的难度有关。清水濠小学实施案例教学后，语数英学科全方位向前发展。继 2017 年 12 月案例教学课题开题工作会和 2019 年 1 月 18 日案例教学实践研究课题会议之后，该校于 2019 年 12 月 10 日下午举行了案例教学课题研讨会，总结回顾近两年来案例教学课题实践的历程与经验、收获和感受，同时促进教师专业成长、推进学校科研课题教研工作。该校发表案例教学论文 6 篇，获奖 27 项。项目组成员陈敏婷校长的课例获教学技能一等奖，研究报告获全国教育科学“十二五”规划成果二等奖，对外教育辐射讲座 7 次，在核心期刊发表论文 2 篇，案例获越秀区二等奖。清水濠小学案例教学办学特色得到发表和推广。

第二，案例教学对促进偏远山区、农村地区学校的发展作用明显。阳山县第一小学地处粤北偏远山区，是广州市帮扶对象。该校实施案例教学后，学校教学科研工作全面改观，表现在：成绩大幅度提升，16 个实验班语数英学科总平均分提高了 7.93 分，总及格率提高了 7.83 个百分点，总优秀率提高了 20.57 个百分点；案例教学活动丰富多彩，2019 年 6 月 6 日上午，举行了案例教学课例研讨会，参会人员为 11 所实验学校的课题骨干、广州市第五期卓越校长培训班学员、阳山县小学英语中心教研组县城片工作坊成员和阳山县城片英语骨干教师。该校科研成果由原来的空白发展为各学科案例教学科研课题全面斩获市县立项，案例教学成果丰硕：案例教学课题研究共 2 个，案例教学成果获奖共 47 个，论文发表共 7 篇。项目组成员冯健锋校长主持的清远市一般课题“小学数学案例教学在实践研究”和“山区小学英语微课开发与应用”正在研究中。阳山县第一小学被广东省教育研究院评为 2017—2018 年中小学 3A 课堂教学范式资源征集及展示活动“资源征集优秀集体”。

从化区鳌头镇车头小学是一所地地道道的农村小学。该校自 2017 年实施案例教学以来，先后于 2019 年 6 月 17 日上午和 2019 年 12 月 20 日下午两次面向 11 所实验学校的课题组成员以及肇庆学院的顶岗实习教师举行案例教学课例研讨会。项目组成员罗浩明校长和李洪超校长在科研工作方面做到了无缝衔接，学校科研形势大好。该校案例教学论文获奖共 12 篇，自主开发的案例获奖共8个。现在，车头小学全校全面实施实施案例教学，语数英三科齐头并进，教师案例教学运用熟练，学生合作学习习惯初步养成，课堂教学成效显著。在所有实验学校中，车头小学是唯一一所全校全面实施案例教学的实验学校。

实施案例教学，创新课堂教学模式，变革教学方式，培养核心素养，对小学学科课堂教学产生了深远的影响。然而，一方面，案例教学对教师把握教材的能力和课堂调控引导能力要求都很高，刚入职的教师在这方面有待加强。另一方面，案例教学对学生的自学能力、合作能力有比较高的要求，因此需要在培养学生良好的课前自学习惯以及合作能力上下功夫。

第七章 案例教学成效评价

小学语文、数学、英语案例教学成效主要通过问卷调查和访谈多渠道、多方式来进行评价。教师评价可以分为课堂评价和课后评价。对教师案例教学效果评价的标准是：是否激发学生的主体意识、是否营造互动的课堂教学氛围、是否培养探究知识的习惯、是否训练思维创新的能力。学生评价分为学生自我评价和生生评价。对学生学习效果评价的标准是：是否提升学生自主学习能力、是否合作探究能力、实践能力，是否激励学生的学习兴趣、培养学生的自信心，是否建构学生的核心素养。

一、成效评价方法

（一）问卷调查法

问卷调查法主要是对实验班在实验前、实验中和实验后的课堂教学现状、教师教学情况，以及案例教学在小学语文、数学、英语课堂教学中促进学生核心素养发展的情况定期进行问卷调查，通过数据分析，确定并完善研究方向。调查问卷如下：

小学语文、数学、英语学科案例教学调查问卷（教师部分）

亲爱的老师：

为了了解教师教学行为的现状，以及对案例教学、案例教学行为的认识，科学地分析教师案例教学行为的有效性，请您如实填写问卷，配合我们完成此次调查研究工作。谢谢您的合作！

每个小题若无特殊说明，均为单选，请直接将选项的序号填在括号里。

案例教学促进小学生核心素养发展课题组

---

1. 您的背景资料

性别：　　教龄：　　职称：　　学历：　　任教年级：

所处学校：　　（省一级、特色学校、城乡接合部、偏远山区、农村）

---

2. 您认为案例教学最关键的是（　　）

A. 明确教学目标　　B. 精心选取、开发案例

C. 学生课前自主学习　　D. 课中合作探究

E. 课后拓展评价

3. 下面哪些方面的工作有利于促进案例教学的开展（　　）（多选题）

A. 充分的教学准备　　B. 建立案例库

C. 开发微信公众号和网站　　D. 加强教师案例教学法培训

E. 教学设备齐全

4. 案例教学应注意哪些问题（　　）（多选）

A. 三维目标要明确　　B. 针对重难点选取开发案例

C. 培训学生课前自主学习的习惯　　D. 引导学生课中开展合作探究

E. 教师做好点评和总结

5. 当学生回答问题不恰当或错误时，您的处理办法是什么？（　　）（多选）

A. 立即指出是不当或错误的　　B. 不表态，让其他学生回答

C. 启发学生继续思考　　D. 揭示正确答案

6. 课堂上您对学生的质疑是（　　）

A. 鼓励　　B. 无所谓不评价

C. 小结、归纳、引导

7. 您认为课堂上安排小组讨论的依据是（　　）

A. 教学设计的需要　　B. 学生学习的需要

C. 上级的要求

8. 您在教学中安排合作学习的频率是（　　）

A. 经常　　B. 有时　　C. 从不

9. 您在组织合作学习时最关注的问题是（　　）（多选）

A. 合作学习案例的设计　　B. 注意给学生充分的合作交流时间

C. 注意控制合作学习时的纪律　　D. 关注学生参与合作学习的收获

E. 让学生明确合作学习的要求与组内分工

10. 您认为教学评价内容包括（　　）

A. 教学目标、教学过程和教学效果

B. 教学过程和教学效果

C. 教学效果

11. 您进行教学评价时采用的是（　　）

A. 学生的成绩　　B. 教学观察分析

C. 对话式

12. 您认为在课堂教学中运用案例教学（　　）

A. 能提高教学质量　　B. 不能提高教学质量

C. 反而使教学质量下降

13. 您在课堂上对“乐学园”网站的运用情况是（　　）

A. 经常用　　B. 偶尔用　　C. 没有用　　D. 没有设备

14. 您对“教育人人通”微信公众号的运用情况是（　　）

A. 经常用　　B. 偶尔用　　C. 没有用　　D. 没有设备

15. 您现有的教学资源是否满足案例教学的需要（　　）

A. 能　　B. 基本能　　C. 不能

16. 您认为目前的案例教学是否能促进小学生核心素养的发展？原因是什么？请写出您的看法。

再次谢谢您的参与！

小学语文、数学、英语学科案例教学调查问卷（学生部分）

亲爱的同学，你好！为了了解案例教学在小学语文、数学、英语课堂教学中促进学生核心素养发展的整体情况，提高案例教学质量，提升同学们的满意度，特制定此问卷。你的意见和建议对本次调查非常重要。本次调查采取不计名的方式，希望你能如实填写个人的真实想法，并在每一道问题下勾选你的回答，谢谢你的合作！在填写过程中如有任何疑问，可以向贵校负责此次调查的老师询问。

案例教学促进学生核心素养发展课题组

基本信息：

1. 你的性别：
   ①男　②女
2. 你所在年级：
   ①一年级　②二年级　③三年级　④四年级　⑤五年级　⑥六年级
3. 你的职务：
   ①大队干部　②班干部　③科代表　④组长　⑤学生

---

4. 你期望通过案例教学促进哪些核心素养的发展？（多选）
   ①人文底蕴　②科学精神　③学会学习　④健康生活　⑤责任担当
   ⑥实践创新
5. 你在案例教学上课前会做的准备是：
   ①提前花费较多时间积极准备　②提前阅读，简单了解案例材料
   ③只在讨论课前看看案例材料　④在讨论课上才翻阅案例材料
6. 你认为案例教学应该占小学语文、数学、英语课堂教学的比例为多少？
   ①20%以内　②20%～40%　③40%～60%　④60%～80%
   ⑤80%以上
7. 你倾向于分析哪种类型的案例？
   ①应用题式案例（情节简单字数少，和知识点有明确对应，有相对标准的答案）
   ②思考题式案例（情节相对复杂，与某些知识点有所对应，一般并无标准答案）
   ③开放式案例（围绕学习内容真实全面的描述，涉及的知识综合且有跨度，解决问题的思路和方法比较开放）
   ④开拓式案例（涉及未知领域，需要师生共同探索和创新）
8. 你倾向于喜欢哪种形式的案例？
   ①图片　②文字　③录像　④动画　⑤声音
9. 你对案例教学中选用的案例是否满意？
   ①非常满意　②比较满意　③基本满意　④不满意
   ⑤很不满意（注明原因：　　　　　　　　　　）

10. 你认为什么样的案例教学方式比较适合你？
①教师先讲述相关知识再进行案例讨论
②由学生自学相关知识再进行案例讨论
③先进行案例讨论再提炼知识和规律
④案例讨论后不需要统一的归纳和提炼
11. 你认为最受欢迎的案例讨论方式是什么？
①学生间的对抗与合作，由学生自己讨论
②学生进行角色扮演，彼此进行交锋辩论
③教师提出一种假定性情景，要求学生予以评价的假说性讨论方式
④教师与个别学生间的交互询问式的讨论
12. 你对案例教学法中课堂的编排与设计是否满意？
①非常满意　②比较满意　③基本满意　④不满意
⑤很不满意（注明原因：　　　　　　　　　　　　　）
13. 你认为关于案例教学中教师的角色应该是怎样的？（多选）
①教师应当扮演催化剂的角色，启发学生，促进交流
②教师应充当案例讨论中主持人的角色，只对教学程序和学习进行大方向的控制
③教师充当导演者的角色，对学生的讨论发挥潜在的影响力
④教师作为一个发言人，反映学生的整体意见
⑤教师作为一个信息库，为案例讨论提供丰富的背景材料
14. 你觉得能从案例教学讨论中学到什么？
①知识　②思考方式　③学习方法　④实际应用技能　⑤什么也没学到
15. 你对案例教学的效果总体满意度如何？
①非常满意　②比较满意　③基本满意　④不满意
⑤很不满意（注明原因：　　　　　　　　　　　　　）
16. 你认为案例教学法与常规教学方式相比
①更能深化对知识点和理论的理解和接受
②更能开阔分析问题的思路和训练分析解决问题的技能
③更能培养自学能力、合作能力、探究能力
④还不如常规的教学方式
17. 你认为下列哪个因素对案例教学法的有效实施影响程度最大？
①教师的课前准备和教学态度　②教师的语言表达和总结点评
③师生间的良好互动　　　　　④学生的提前准备和自学能力
⑤案例的有效选取和综合质量　⑥上课地点与设施

18. 你在家里对“乐学园”网站的运用情况是（　　）

①经常用　②偶尔用　③没有用　④没有设备

19. 你对“教育人人通”微信公众号的运用情况是（　　）

①经常用　②偶尔用　③没有用　④没有设备

20. 针对上述问题，对于提高案例教学的有效性你有何宝贵建议？

再次谢谢你的参与！

（二）访谈法

访谈法即设计好教师访谈提纲，选择一些典型教师，对个体进行访谈，建立个人档案，定期或不定期地进行分析，跟踪观察教师个体变化。课题组通过对 9 所实验学校的教师和学生实验前、实验中、实验后访谈情况进行横向和纵向的数据比较、分析，获取课题研究的经验、教训，提出改进方案，最终达到研究目标。教师访谈提纲如下：

背景材料：

学校名称：　　姓名：　　性别：　　民族：

年龄：　　职称：　　学历：　　教龄：

是否班主任：　　是否公办教师：　　所教科目：

所教年级：　　学生民族构成及人数：

结合案例教学谈谈个人的教学情况：

1. 请谈谈您的备课情况（如何备课、教案是稳定的还是常更新、备课时间长短、备课的心得与困难何在）

2. 请谈谈您的教学情况（以什么教学方式为主，师生互动情况和课堂气氛如何，如何处理课堂中的突发事件，教学效能感如何，以什么语言授课，本民族语、方言，或者双语）

3. 除了您常用的教学方法以外，您还尝试过哪些教学方法，感觉效果如何？

4. 请谈谈您对案例教学的理解（对案例教学的认识、是否作为自己教学的常用方法、存在什么优劣与困难）

5. 您觉得在教学中好的经验与心得有哪些，还存在什么困难？对于那些新的教学方法，您在实际中运用得怎么样？是否需要加强在教学方法上的培训？

6. 您是怎么看待教学资源（案例库、“教育人人通”微信公众号、“乐学园”网站），又是如何利用的？在教学资源的利用上，您还有什么困难和问题？

7. 请谈谈您对教学管理的理解，在教学管理方面您有什么好的经验吗？还存在着哪些困难？

8.（省一级学校、特色学校）贵校能否积极地帮助城中村小学或帮扶学校？具体是怎么帮助的？

9.（农村小学、城中村小学或帮扶学校）省一级学校、特色学校是否能够积极地帮助贵校？具体是怎样帮助的？

访问者：　　　访问日期：

访问时间：（　时　分—　时　分）

访问地点：

学生访谈提纲如下：

背景材料：

学校名称：　　　　　姓名：　　　　　性别：　　　民族：

年龄：　　　　　　　年级：

1. 你喜欢老师今天的课吗？和平时的课有什么不一样？

2. 你对老师提供的案例感兴趣吗？

3. 你在课前会去自学老师提供的案例吗？

4. 老师提供案例和不提供案例，对你的学习有影响吗？

5. 你关注了“教育人人通”微信公众号了吗？对你的学习有没有帮助？

6. 你收藏了“乐学园”网站了吗？平时有没有上网站案例库中去找案例学习？你喜欢这个网站吗？对你的学习有没有帮助？

7. 你喜欢小组合作学习吗？为什么？

8. 你对今天的课有什么感觉？印象如何？

9. 你喜欢老师在课堂上提问吗？为什么？

10. 你今天被老师提问了吗？如果有，有几次呢？如果没有，那你觉得为什么老师没有问到你呢？

11. 你回答得怎么样？如果对了，老师如何评价？如果错了，老师如何纠正？

12. 你觉得老师爱提问什么样的同学？对此你有什么看法？

访问者：　　　访问日期：　　　访问时间：（　时　分—　时　分）

访问地点：

二、成效评价结果

（一）问卷调查情况

1. 教师问卷调查情况

为了能直观、有效地通过数据反映出各实验学校教师问卷调查情况，课题组将教师调查问卷内容归纳为学科认知、信息技术运用、组织调控、评价和认可度四部分内容，通过对这四部分数据的分析，反映出实施案例教学在提高教师学科专业素养、信息技术应用能力、课堂调控能力、对学生及时的引导评价能力以及对案例教学的认可度方面所起到的作用。教师调查问卷中“针对重难点选取开发案例”作为学科认知部分的代表性指标，“建立案例库”作为信息技术运用部分的代表性指标，“注意给学生充分的合作交流时间”作为组织调控部分的代表性指标，“教学评价内容包括教学目标、教学过程和教学效果”作为评价部分的代表性指标，“在课堂教学中运用案例教学能提高教学质量”作为对案例教学认可度部分的代表性指标。此次教师问卷调查，有 11 所实验学校提供了调查结果，对本校实施案例教学以来实验前、实验中、实验后的效果进行了具体分析，其中阳山县第一小学和黄埔区枫下小学的实验教师对案例教学的认可度都很高，但没有具体数据。其他 9 所实验学校参与问卷调查的教师共 73 人，具体如下：天河区五山小学 1 人，越秀区清水濠小学 19 人，华南理工大学附属实验学校小学部 1 人，天河区第一实验小学 12 人，海珠区聚德东小学 1 人，绿翠现代实验学校小学部 2 人，海珠区石溪劬劳小学 20 人，海珠区三滘小学 1 人，从化区鳌头镇车头小学 16 人。问卷调查情况如图 12 所示。

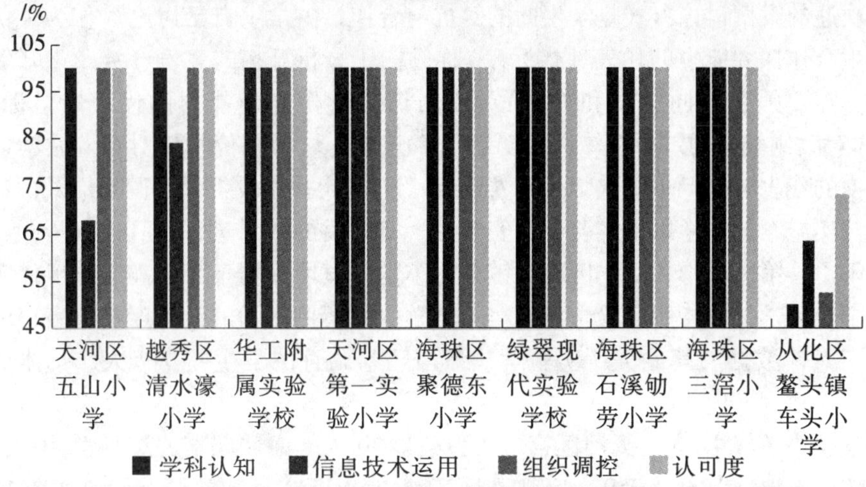

图 12　各实验学校实验后教师问卷调查情况

从图 12 来看，越是先进发达的地区，教师对案例教学的认可度越高。实验教师实施案例教学后学科专业素养、信息技术应用能力、课堂调控能力、对学生及时的引导评价能力都得到了提高。由于农村地区培训机会不多，因此教师对信息技术的掌握还不够熟练，对教材重难点的把握也还存在一些不足，对学生小组合作学习的组织调控还有待加强，对学生的评价激励方法也比较单一。农村地区整体教学水平与发达地区相比还存在一定的差距，但是实施案例教学后，农村地区的教师教育观念开始转变，教学方法也日渐灵活，教师开始接受新科技。车头小学自开展案例教学以来，每班都安装了电子白板，班班都从课题网站上寻找合适的案例进行教学。开始推行时很艰难，教师也有抵触情绪，但是学校领导班子不断地加强对教师信息技术的培训，定期组织教师备课，落实每一课的重难点，推出案例教学公开课，推出小组合作学习典型班，让教师们互相探讨，共同学习，共同进步。经过短短两年多的时间，车头小学的教师由原来对新事物新教法有所抵触到大部分真心认可，该校的巨变令人刮目相看。

2. 各校学生问卷调查情况

为了能直观、有效地通过数据反映出各实验学校学生问卷调查情况，项目组将学生调查问卷内容归纳为自主学习、合作探究、开拓创新和认可度四部分，通过对这四部分数据的分析，反映出实施案例教学在提高学生自学能力、合作能力、探究能力、开拓创新精神以及对案例教学的认可度方面所起到的作用。学生问卷调查中，将“在案例教学上课前会做的准备是提前阅读，简单了解案例材料”作为评价学生自学能力的代表性指标，“你认为最受欢迎的案例讨论方式是学生间的对抗与合作，由学生自己讨论”作为评价学生合作探究能力的代表性指标，“你倾向于分析开拓式案例（涉及未知领域，需要师生共同探索和创新）”作为评价学生创新能力的代表性指标，“你对案例教学的效果总体满意度是非常满意”作为评价学生对案例教学认可度的代表性指标。此次学生问卷调查，11 所实验学校提供了调查结果，对本校实施案例教学以来实验前、实验中、实验后的效果进行了具体分析，其中阳山县第一小学、从化区鳌头镇车头小学、黄埔区枫下小学和绿翠现代实验学校小学部共 4 所实验学校的实验班学生对案例教学的认可度都很高，但没有具体数据。其他 7 所实验学校参与问卷调查的学生共 977 人，具体如下：天河区五山小学 15 人，越秀区清水濠小学 38 人、华南理工大学附属实验学校小学部 42 人、天河区第一实验小学 40 人、海珠区聚德东小学 41 人、海珠区石溪劬劳小学 759 人、海珠区三滘小学 42 人。问卷调查情况如图 13 所示。

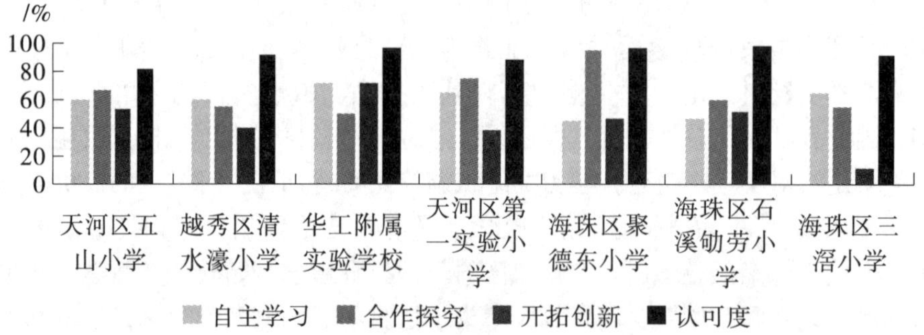

图 13　各实验学校实验后学生问卷调查情况

从图 13 来看，各实验学校的实验班学生对案例教学效果的认可度非常高。在自主学习方面，一半左右的学生形成了课前自学习惯，提高自学能力，但是还有将近 40% 的学生还没有形成课前自学习惯。案例教学对学生自主学习的要求很高，培养学生课前自学习惯，提高学生的自学能力任务依然艰巨。在合作探究方面，近 66% 的学生喜欢小组合作学习，合作探究能力正在逐步形成，但还有 34% 的学生合作意识不够，合作能力不强，有的甚至喜欢老师讲学生听记这种被动的学习方式。课堂教学中，虽然在什么情况下该组织学生合作学习，什么情况下该由教师讲学生听，要视教学内容而定，但是教师在平时的课堂教学中有意识地培养学生的合作探究能力，是适应当今社会人才需求的必由之路。在开拓创新方面，只有近 40% 的学生具有开拓创新精神，近 60% 的学生仍处于被动接受的状态。农村地区学校和城乡接合部薄弱学校，学生被动接受知识、缺乏创新能力的现状尤为严重，只有12%的学生倾向于分析涉及未知领域、需要师生共同探索和创新的开拓式案例。社会呼唤创新型人才，课改之路任重而道远。

在实验前期，11 所实验学校里只有课题承担单位海珠区石溪劬劳小学有案例教学研究基础，其他 10 所实验学校均没有接触过案例教学，有的实验学校甚至之前完全没有接触过课题研究。在师生问卷调查中，对案例教学方面的问题答案多样，概念认识不清，教师大多针对平常的教学情况进行回答，对案例教学回答的针对性不强。有的实验教师甚至认为案例教学与传统教学区别不大，只要课前做好充分的教学准备、教学设备齐全，就能促进案例教学的开展。有的实验教师认为案例教学暂时不适合小学一年级学生进行预习，可能会增加学生的负担。实验前大部分教师虽然都能采用小组合作学习方式，但只是流于形式，没有明确的要求与组内分工。部分实验教师认为案例教学暂时不适合山区小学的教学，会增加师生的负担。有部分教师则处于观望状态。实验前，学生不知道什么是案例教学，但是期望教师能采用动画形式的案例上课，也没有听说过"教育人人通"，但是期待这个网站能给自己的学习带来帮助，在学习之余还可以顺便上网玩游戏。

实验中期，实验教师初步了解案例教学的含义，开始针对重难点精心选取案例进行教学，建立案例库，注重合作学习案例的设计，在课中引导学生开展合作探究，根据教学设计的需要给学生充分的合作交流时间，让学生明确要求与组内分工合作，自己去解决问题。实验教师在课余时间经常关注"教育人人通"，开始尝试在课堂上运用"教育人人通"，并经常互相交流自己在教学中运用案例的情况。实验中，大约 60% 的学生能提前准备认真预习，100% 的学生喜欢直观的图片、文字、录像、动画、声音等形式的多媒体案例学习，并且觉得这些形式有助于提高兴趣，吸引关注。54% 的学生倾向于分析"开放式案例"，说明他们的思维比较活跃，他们希望学习的内容涉及面要广，要有跨度，而且要有一定的难度，有挑战性，解决问题的思路和方法要比较开放。实验中，部分学生对教师课前推送的案例非常感兴趣，能利用教师课前推送的案例进行课前预习，课上也能和组员进行合作交流，但是解决问题的能力还不强，组内分工不明确，合作能力不强，影响小组学习的效果。45% 的学生能经常登录"乐学园"网站，55% 的学生偶尔登录"乐学园"网站，并主动积极搜索适合自己的语数英案例进行观看。

实验后期，随着研究的不断加深，师生们对案例教学有了更深的了解和感悟，实验教师也增加了一种朝气、一种活力和一份自信。教师对案例教学注意的问题中，除了要针对重难点选取开发案例外，还认为要注意培养学生课前自主学习的习惯、引导学生课中开展合作探究和教师点评总结。案例教学必须让学生课前阅读案例材料，熟悉了解案例内容，才能节省时间、提高课堂教学效率，但一部分学生没有课前学习的习惯，影响了实验研究的效果。课堂上如何根据案例进行合作探究，这离不开教师的点拨和指导。随着实验的不断深入、学生知识积累的增多，学生对图片和文字类案例有了一定的兴趣。学生认为案例教学与常规教学相比，更能帮助他们深化对知识点和理论的理解和接受，拓宽分析问题的思路和训练分析解决问题的技能，更好地培养自学能力、合作能力、探究能力。师生们对“教学人人通”网站运用得越来越多，90%的教师能够经常使用“乐学园”网站和微信公众号，10%的教师偶尔使用，100%的教师认为案例教学能够提高教学质量。实验后，实验教师明白了案例教学在教学中的重要性。通过不断的实验研究，实验教师有了比较成熟的案例教学模式，教学质量得到了提高。实验教师还积极在学校开设案例教学公开课，向非实验班的教师宣传案例教学的好处。同时，调查结果还显示，学生期望通过案例教学促进自己核心素养发展的选项里，选择“学会学习”的达86.84%，选择“人文底蕴”的达63.16%，选择“实践创新”的达60.53%，选择“科学精神”的达57.89%，可见学生更希望掌握自学的本领，体现了他们对知识的渴望和追求。实验班学生对案例教学非常满意，主动登录“乐学园”网站观看相关的案例，在课上能根据案例自主合作交流学习，组员分工明确，能自主解决难题。

11所实验学校自开展案例教学研究以来，以“案例教学”为主题共开展学术沙龙9次，举行研讨会12次，课题微信公众号“教育人人通”和课题网站“乐学园”上均有记载。项目组频繁地开展学术沙龙和研讨活动，让实验教师在研讨中不断地交流研究心得，破解心中疑难，树立研究信心。在实验过程中，及时请专家给予指导，助力课题研究科学、高效、快速向前发展。在理论探讨的同时，实验教师们坚持上研讨课，理论结合实践，不断地摸索前行。案例教学不能离开案例，为了让案例教学能够高效持续地开展下去，实验教师着手开发案例，建立案例库。至今为止，实验教师共开发案例531个。这些案例在11所实验学校得到广泛应用，成效显著，并已上传至“乐学园”网站，免费供所有协同研究的学校使用。经过四年的实践检验，课题组取得了丰硕的教学成果。案例教学加深了教师对教材的理解，开发案例大大提升了教师运用信息技术的能力，使教师转变了教育观念，改变了课堂教学方式。家长、学生对实施案例教学满意度较高。

师生问卷调查结果显示，案例教学应该注意的问题主要是：三维目标要明确，针对重难点选取开发案例、引导学生课中开展合作探究、教师做好点评和总结也非常重要。有一半的教师认为小组学习是基于学生学习的需要，也有一半教师认为是根据教学设计的需要。通过进一步了解得知，教师认为教学设计也充分考虑了学生学习的需要。在合作学习中，教师认为安全的设计、时间、纪律、分工与要求、收获都十分重要。学生对案例教学非常喜欢，但家长不允许他们经常上网。

（二）访谈情况

1. 各校教师访谈情况

项目组将教师访谈内容归纳为案例教学法、案例库、案例教学管理三部分，通过对这三部分数据的分析，反映出实施案例教学在改变教师的教育观念、改革课堂教学方式方面，提高教师信息技术应用能力和教材分析把握能力等自身业务素养方面以及课堂教学中组织调控学生合作学习、引导学生质疑探究等的主导作用方面所起到的作用。教师访谈提纲中，将“对案例教学的理解”作为评价教师教学方式的代表性指标，“案例库、‘教育人人通’微信公众号、‘乐学园’网站上教学资源的利用”作为评价教师业务素养提高的代表性指标，“组织学生小组合作学习、引导学生质疑探究”作为评价教师主导作用的代表性指标。11 所实验学校的教师访谈情况如表 8 所示。

表 8　11 所实验学校教师访谈情况

实验学校	案例教学法	案例库	案例教学课堂管理
天河区五山小学	教师主动运用案例教学，既节省了时间，又减少了繁多的讲解，提高了教学效率	教师会适时开发案例，认为在案例教学中最困难的是教学案例的开发，建立案例库可以实现资源共享	教师注重学生学习习惯养成
越秀区清水濠小学	教师全部都采用案例教学法。大部分教师会以以学定教方式和案例教学法展开交流式教学。每学期都会制定对口帮扶方案，有异地教学交流、换岗教学及上示范课、同课异构教学交流和开设教学专题讲座等帮扶活动	教师认为这些教学资源有借鉴作用，不认同完全拿来用；在如何突破重难点上，会有自己的思考，愿意自己开发案例	教师认为应着重建立有利于学生自主发展的评价机制，采取自评、学生互评、小组评、教师评等形式，辅以小组合作学习。抓好教学常规，才能保证组织教学顺利进行。师生互动较多，课堂气氛较好

续上表

实验学校	案例教学法	案例库	案例教学课堂管理
华工附属实验学校	教师主动运用案例来进行教学，感觉案例教学能提高教学效率	教师适时开发案例	教师注重学生学习能力的提高和学习习惯的养成
天河区第一实验小学	教师经常使用案例进行教学，认为如果能用好案例教学，就能够大大提高学生学习效率，甚至有时学生能够在家自主学习，做到精讲多练。优秀学生可以节约时间，总结提高；学困生可以多学几次，做到因材施教	教师认为平台的建设是非常好的，是教师备课和学生学习的好帮手，案例库、“教育人人通”微信公众号、“乐学园”网站等资源对教师的帮助很大。案例库的建立有利于教师之间分享资源、提高工作效率和优化教学效果。但是素材储备不够丰富，应该继续增加素材，同时高质量的素材应该广泛推荐，部分微课需要继续优化，进一步提高质量	资源使用案例进行教学，在教学中实施问题驱动，交流探究。师生互动良好，因为有活动支撑，气氛比较活跃。在案例教学中，因为学生课前进行了案例视频的学习，在学习难点的时候能更好地自主学习、合作探究，学习效率较高。微课的时间短、知识讲得直接、学习的速度快，通过美观、轻松、有趣的界面和素材、流畅的画面、好听的话语提高对学生的吸引力
海珠区聚德东小学	教师能主动地运用案例教学进行教学	教师在备课时能适时开发教学案例，建立案例库	教师平时也能使用多媒体设备进行教学，努力调动学生学习积极性，活跃课堂气氛，培养学生对小组合作学习这种方式的兴趣和习惯

续上表

实验学校	案例教学法	案例库	案例教学课堂管理
绿翠现代实验学校	实验前期，教师抱着尝试的态度来运用案例教学，并结合多种信息技术手段进行教学，做到互为补充。实验后期，能通过运用案例教学，对学生进行适当的引导，使学生愉快地学习，全面、快速地提高教学效果	实验前期，教师尝试学习微课的制作方法，但未能针对重难点开发案例。总体认为微课制作对于杂务比较多的低年级教师来说，负担较重，制作能力尚待提高。实验后期，教师积极登录“乐学园”网站，下载案例建立自己的教学案例库，形成比较系统成熟的案例教学思路，积累经验，用于今后的教学，并向非实验教师推广	实验后期，学生轻松愉悦地参与到学习中去，形成了比较有序的学习过程，课前观看案例进行课前预习，课上与组员交流学习心得，提出不能解决的问题，与组员共同讨论研究解决方法。学习主动性和能力有了较大提高，学习成绩进步明显
海珠区石溪劬劳小学	案例教学在该校实施多年，已改变了教师的教学方式和学生的学习方式。课堂以学生为主体，学生主动学习，主动发展。教师主要起引导的作用。学校对口帮扶一所民办小学，也会向帮扶学校传递课改理念	实施案例教学以来，因为已经建立了案例库，教师们备课工作量减轻了，可以在课题网站上选取适合的案例来教学	现在课堂上多以合作学习的方式为主、师生互动多，课堂气氛轻松和谐

续上表

实验学校	案例教学法	案例库	案例教学课堂管理
海珠区三滘小学	教师能主动地运用案例教学进行教学。课题组教师围绕课题的研究目标，刻苦钻研，大胆实践，也敢于去进行新鲜的尝试，提升了课题研究的能力	实验中，教师参与案例教学课题组组织的多次学习，研读了相关的理论文章，逐步懂得了案例教学的一些理论知识和相关技巧，并能制作开发案例教学的素材，归类整理发送到“乐学园”网站，建立学习库，实现资源共享	通过案例教学让学生习得方法，既培养了分析理解能力又培养了说话能力，让学生享受自主学习的乐趣。小组合作学习使学生自我约束、自我管理、自我学习的能力变强了。学生良好的行为习惯和主动学习的品质逐步得到养成
从化区鳌头镇车头小学	教师运用案例教学法，利用案例微课举一反三，让学生重复观看学习。通过实验前后的对比，发现运用案例教学法可以使学生更灵活地学习和掌握知识	案例库的建立，使学生可以得到多位教师对知识点的传授、讲解，得到不同教师多角度、多方位的指点，可以获取更多的信息	实验前课堂上主要采用教师讲授法，实验后期主要采用小组合作学习
黄埔区枫下小学	教师依据学生的学情和教学目标，运用恰当的案例教学法。在采用案例教学的课堂上，学生举手回答问题的人数与次数都明显比采用传统教学的多	教师开发部分案例，也会在案例库选取合适的案例来上课	教师引导学生小组合作学习。通过教师设置的问题引发学生的思考与讨论。学生在讨论的过程中可以互相交流自己的看法，表达自我观点与倾听组员意见，可以锻炼学生的言语表达能力与沟通协调能力

续上表

实验学校	案例教学法	案例库	案例教学课堂管理
阳山县第一小学	通过运用案例教学，教师懂得了实施案例教学的好处	教师积极学习微课的制作方法，积极登录“乐学园”网站，下载案例建立自己的教学案例库，形成比较系统成熟的案例教学思路，用于今后的教学，并向非实验教师推广	在教学中，主要采取了小组合作学习方法。以解决问题为主，通过案例情景，然后集中解决问题，小组再交流讨论合作学习，从而提高学生的分析问题能力和解决问题能力，达到学以致用的目的

如上所述，在实施案例教学后期，各实验学校的实验教师都能积极运用案例教学法来进行教学，根据需要自制案例微课或从案例库中寻找适合的案例，在课堂教学中都能采用小组合作学习的方式组织学生开展合作学习。但是也反映出存在的问题：教师工作繁多，很难有时间和精力来开发案例，“教育人人通”案例库中的案例数量还不够适应平时的教学，有的案例质量有待提高。小组合作学习时，在培养学生的小组合作学习习惯和提高学生小组合作学习的能力方面有待加强，尤其要注意合作学习小组成员的搭配，组长的选拔，成员的任务分配、小组的管理等方面都有待进一步去加强落实。

2. 各校学生访谈情况

为了直观、有效地通过数据反映出各实验学校实验后学生问卷调查情况，课题组将学生调查问卷内容归纳为信息搜集、小组合作、质疑答辩三部分，通过对这三部分数据的分析，反映出实施案例教学在提高学生信息搜集能力、合作学习能力、质疑答辩能力等方面所起到的作用。学生调查问卷中，将“关注‘教育人人通’微信公众号，收藏‘乐学园’网站，上网站案例库中去案例学习”等作为评价学生信息搜集能力方面的代表性指标，“喜欢老师采用案例教学的课，对老师提供的案例感兴趣，喜欢小组合作学习”作为评价学生合作学习能力的代表性指标，“自己回答问题与老师提问”等方面作为评价学生质疑答辩方面的代表性指标。具体情况如表 9 所示。

表9　11所实验学校学生访谈情况

实验学校	信息搜集	小组合作	质疑答辩
天河区五山小学	大部分学生课前能主动上“乐学园”网站寻找案例进行学习。学生觉得教师提供的教学案例对他们理解文本等很有帮助	学生对小组合作学习这种方式感兴趣，学习兴趣也提高了	学生在课堂上乐于参与。绝大部分学生认为案例教学对他们的学习成长有很大的帮助
越秀区清水濠小学	学生都喜欢教师运用案例来上课，都关注了“教育人人通”微信公众号，收藏了“乐学园”网站，平时有不懂的时候也会上这个网站去找。他们喜欢“乐学园”网站，以为对他们的学习有帮助	学生喜欢小组合作学习，因为大家可以交换意见，互相帮助，集思广益	学生喜欢教师在课堂上提问，因为这样可以提高课堂互动性与积极参与性，不容易开小差。教师的提问还会帮助他们纠正不正确的知识，所以学生喜欢
华工附属实验学校小学部	大部分学生能主动上“乐学园”网站去寻找案例进行学习	学生喜欢小组合作学习，课堂气氛活跃，学习积极性高	学生发散思维，利用案例来解决所面临的困难，培养知识迁移能力
天河区第一实验小学	绝大多数学生都关注了“教育人人通”公众号和“乐学园”网站。他们平时会上网站案例库中找案例学习。他们都喜欢这个网站，并且一致认为公众号和网站对学习非常有帮助。他们大部分都在课前自学教师提供的案例	学生都喜欢小组合作，认为讨论可以发表各自的想法，把大家的智慧结合成自己的智慧	学生喜欢教师在课堂提问，认为可以回答各种答案、分享自己的意见和答案、表达自己的想法、活跃课堂气氛、收获他人看法、让老师知晓学生是否掌握

续上表

实验学校	信息搜集	小组合作	质疑答辩
海珠区聚德东小学	学生认为“乐学园”网站很棒，他们能到网上查找自己想要资料进行学习	学生对小组合作学习这种方式感兴趣	优等生课中质疑多，中等生也能做到比较准确地回答教师的问题，但还是有一部分学困生做不到，要加强训练
绿翠现代实验学校小学部	学生对教师提供的案例非常感兴趣，课前认真观看，认真预习	课上小组学习，课堂学习氛围比较浓，大部分学生乐于参与，组织能力得到了锻炼	学生积极思考，质疑答辩，语言表达能力得到提高，思维能力得到了有效的发展
海珠区石溪劬劳小学	学生都关注了“教育人人通”微信公众号，也收藏了“乐学园”网站，平时都会上网站案例库去找案例来学习。学生很喜欢，认为对自己的学习帮助很大	实施案例教学后，课中多采用合作学习。学生们乐意采用这种学习方式，不懂的可以小组讨论完成，也可以请老师指导	学生都希望老师多提问自己，希望能受到老师关注。他们感到很开心
海珠区三滘小学	大部分学生在学习新课前登录“乐学园”网站，提前学习重点内容	学生喜欢小组合作学习。学生良好的行为习惯和主动学习的品质逐步得到养成	学生在上课时对不理解的内容再次提问，听老师讲授或师生讨论，提高了学习效率，提高了学习的兴趣

续上表

实验学校	信息搜集	小组合作	质疑答辩
从化区鳌头镇车头小学	“乐学园”网站上每节课都提供了一个优秀的讲解例题的案例微课给学生观看，学生可以反复看，直到弄懂为止。这样可以照顾到每一个学生。学生喜欢老师用平台的资源来上课，可以看到精美的图片、优美动听的声音，为学习增添乐趣	学生喜欢教师让他们通过小组学习来进行探究，互相帮助，不喜欢整节课都是听教师讲，希望有不懂的地方才问教师或同学，这样印象才更深刻。采用案例教学的课堂，学生的合作学习意识增强了	学生有不懂的地方就大胆提出来，教师和同学们会帮忙解答。小组长带领组里的成员一起探索数学题。学生觉得小组合作学习很有趣，很有成就感，多问多答，思考问题的角度宽了，表达能力也强了
黄埔区枫下小学	大部分参与调查问卷的学生表示喜欢教师采用案例教学上课，对教师提供的案例感兴趣，在空余时间也愿意去自学教师提供的案例	在上课过程中，学生乐于参与小组合作学习，学习积极性高	学生乐于思考与讨论，在讨论的过程中可以互相交流自己的看法，表达自我观点与倾听组员意见，可以锻炼语言表达能力与沟通协调能力
阳山县第一小学	学生对教师提供的案例非常感兴趣，课前认真观看，认真预习	课上小组学习氛围比较浓，大部分学生乐于参与	学生在课上与组员交流学习心得，提出不能解决的问题，与组员共同讨论研究解决方法

从上表中可以看出，在访谈的学生中，绝大多数都关注了“教育人人通”微信公众号和“乐学园”网站。他们平时会上网站案例库中找案例学习。他们都喜欢这个网站，并且一致认为公众号和网站对学习非常有帮助。他们大部分都在课前自学教师提供的案例。学生认为提供案例可以让他们更好地预习和理解课文。全部学生都喜欢教师采用案例教学法上课，原因是教师在小组讨论中提供了案例，让学生联系生活实际去讨论，学会抓重点，更好地理解和运用知识，这比平时的课更活泼、生动，课堂气氛更活跃。教师提供案例和不提供案例，对学生的学习有影响，提供案例能使学生更容易解决问题、吸收知识。学生都喜欢小组合作学习，因为大家可以发表各自的意

见，可以帮助组内的同学，可以开阔知识面、开拓思维，还可以培养良好的合作习惯、合作学习能力和管理能力。在课堂上，学生都喜欢自己提问、回答，互相讨论，不喜欢总是由教师一个人讲，他们认为多问多答可以培养语言表达能力和思维能力。不管是优等生还是学困生，都喜欢老师向他们提问，多关注他们，即使他们答错，也都喜欢老师耐心地引导他们改正，喜欢老师多鼓励他们。他们也希望老师向不爱举手回答问题的学生提问，培养他们的胆量；希望老师向开小差或说话的学生提问，提醒他们要认真听课；同样希望老师向成绩好的同学提问，他们的回答经常会很精彩，这样能给其他学生做榜样。绝大部分学生认为案例教学对他们的学习成长有很大的帮助。

项目承担单位海珠区石溪劬劳小学自2015年9月开始实施案例教学以来，经过四年的实践检验，取得了丰硕的教学成果。案例教学加深了教师对教材的理解，开发案例大大提升了教师的信息技术运用能力，使教师转变了教育观念，改变了课堂教学方式。此项成果形成了案例教学基础理论、实施策略、效果评价完整的科学的理论体系。该校课题组成员陈柳君发表研究论文1篇，刘宝敏、王歆狄两位实验教师的成果在广州市获二、三等奖，陈柳君等8位实验教师的成果获海珠区二、三等奖共8篇。对案例教学所做的家长、学生问卷调查，该校当前共759人，收回回执746份，占98.3%，自愿参加案例教学的占98.3%，家长、学生对实施案例教学满意度高。

广州市天河区第一实验小学、广州市越秀区清水濠小学、广州市从化区鳌头镇车头小学、广州市黄埔区枫下小学、清远市阳山县第一小学这五所小学既是“案例教学在小学课堂教学中的应用研究”的项目合作单位，也是此项教学成果的实践检验单位。这五所实践检验单位在这期间取得了丰硕的研究成果。广州市天河区第一实验小学发表成果论文共3篇，比赛获奖共8项。项目组成员江来明校长的课例《生活中的交通与安全》获市级优课。广州市越秀区清水濠小学发表成果论文6篇，获奖27项。项目组成员陈敏婷校长的课例获教学技能一等奖。陈敏婷校长对巫山中小学教育管理干部做讲座，研究报告获全国教育科学“十二五”规划成果二等奖，对外教育辐射讲座7次，论文发表在核心期刊2篇，上示范课2次，案例获越秀区二等奖。清水濠小学办学特色得到发表和推广。广州市从化区鳌头镇车头小学校长罗浩明为项目组成员，该校案例教学论文获奖共12篇，研究案例成果获奖共8篇。广州市黄埔区枫下小学发表成果论文共7篇，论文获奖共7项。项目组成员马国强校长论文发表2篇。清远市阳山县第一小学案例教学课题研究共2个，案例教学成果获奖共47个，论文发表共7篇。该校冯健锋校长成为本项目组成员后，以“案例教学”为主题二次成功申报清远市政府规划课题并立项，现主持清远市一般课题“小学数学案例教学在实践研究”和“山区小学英语微课开发与应用”共2个，正在研究中。冯健锋校长在清远市教育局组织下向英德市320名校长推广全国小学语文主题学习“基于教学目标的确定”研究成果。该校被广东省教育研究院评为2017—2018年中小学3A课堂教学范式资源征集及展示活动“资源征集优秀集体”。

在小学课堂教学中，教师实施案例教学，能有效激发学生的主体意识，营造互动的课堂教学氛围，培养学生探究知识的习惯，训练学生思维创新的能力。在小学课堂教学中实施案例教学，能更好地提升学生自主学习能力、合作探究能力、实践能力；激励学生的学习兴趣，培养学生的自信心。同时，案例教学以学生为主体，体现以人为本、以学生发展核心素养为本的教育改革思路，通过语文、数学、英语三门课程的案例教学，构建培养发展创新精神和实践能力的教学方式和学习方式，鼓励学生对书本的质疑和对教师的超越，赞赏学生富有个性化的理解和表达，培养学生的人文底蕴、科学精神、学会学习、健康生活、责任担当、实践创新等六大方面的核心素养，并将六大方面核心素养落实到语文、数学、英语学科所承担的核心素养目标上来。

结 论

一、小学语文、数学、英语学科案例教学成果的主要内容

小学语文、数学 、英语学科案例教学成果是借助科研平台开展实践研究而取得的，共有六项：

（一）建立小学语文、数学、英语学科教学案例库，拓展延伸课程资源

案例是案例教学的主要内容。在实施案例教学前，教师要针对本节课的教学目标精心选择教学案例，这就需要有一个丰富的案例库。在此之前，教育培训类案例较多，针对小学语文、数学、英语学科课堂教学的案例极少，更不用说现成的小学语文、数学、英语学科教学案例库。没有案例库怎么办？项目组的教师们大胆对教材进行二度开发，共开发一至六年级语文、数学、英语学科教学案例 539 个，在“乐学园”网站上建立了小学语文、数学、英语教学案例库。每个案例都配有项目组教师精心设计的微课。在开发案例的过程中，教师们加深了对小学语文、数学、英语三科教材的理解，开发的案例与同年级教师共享，增加了成就感，同时，大大提升了教师运用信息技术的能力。案例库的建立，既是案例教学的需要，也是教师对小学语文、数学、英语三门学科课程的拓展运用，促进了教师的专业成长，也改变了学生学习的方式，大大丰富了学生学习的内容，小学语文、数学、英语学科课程资源库的建设已见成效。

（二）引入案例教学，变革小学语文、数学、英语课堂教学方式

案例教学打破了以往“满堂灌”的教学模式，使师生角色发生转换，教师变主角为配角，成为学生的导师。案例教学进行了“前置后移，课堂重构”的教学方式变革，真正落实把课堂还给学生，学生真正成为课堂的主人。案例教学要符合小学生的特点，要遵循学生主体原则、案例趣味化原则和语言形象化原则。小学语文、数学、英语学科案例教学实施的步骤（“案例教学四步”）如图 14 所示：

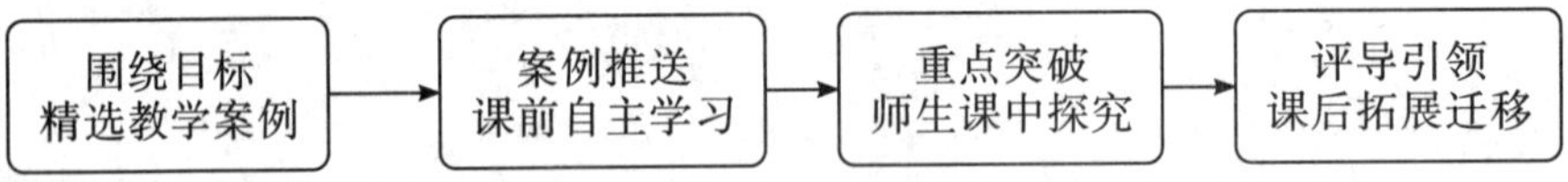

图 14　案例教学四步

实施案例教学，改革备课模式，注重“教学准备”环节。在“教学准备”环节，增加了教师精选案例，附上小学语文、数学、英语各科学习单，推送给学生课前自主学习，学生课前可以分小组讨论。备课时也要充分考虑学生合作学习的需要。小学语文、数学、英语学科案例教学备课步骤如图 15 所示：

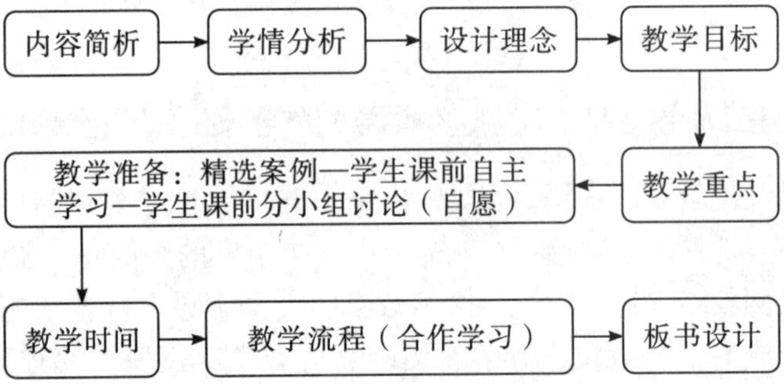

图 15　案例教学备课步骤

学生在案例教学课前、课中、课后的学习过程中始终保持积极的学习态度，自主学习能力、合作学习能力、质疑探究能力得到提升，科学精神、学会学习的两大素养在长期的学习过程中得到发展，大大改变了以往教师主讲学生被动听的局面。案例教学在小学语文、数学、英语课堂教学中的具体操作方法如图 16 所示：

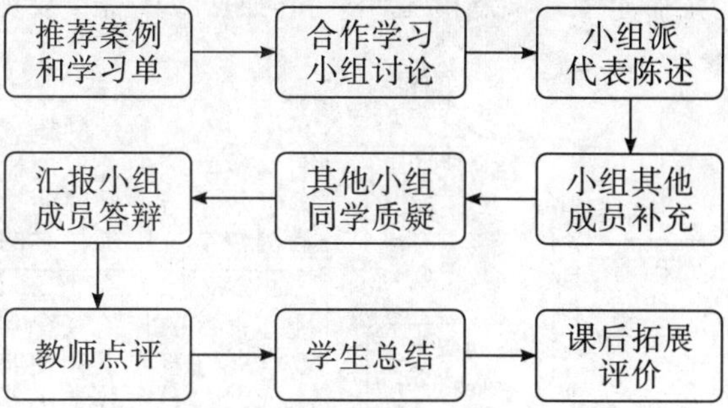

图 16　案例教学具体操作方法

案例教学在小学语文、数学、英语课堂教学中的应用方法有案例解说法、案例模拟法、案例辨析法、案例讨论法、案例练习法等（简称“案例教学五法”，如图 17 所示）。其共同点是围绕案例来展开课堂教学。课堂上学生自主学习、合作探究、质疑问难、释疑解惑，教师穿针引线、引导评点。课堂以学生为主体，学生主动学习、主动发展，从而转变教育教学观念，通过案例教学促进小学生发展核心素养的培养。

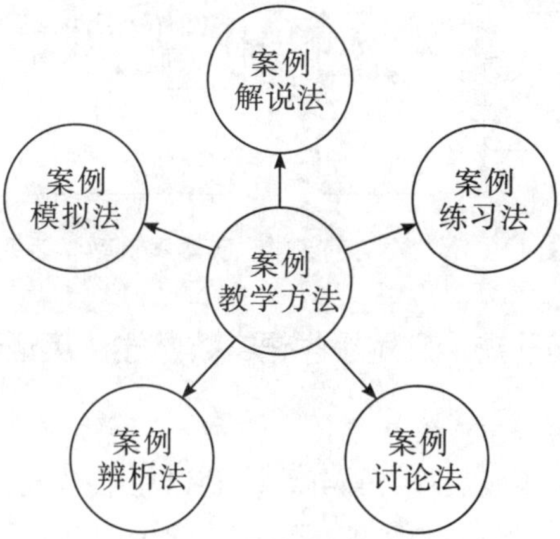

图 17　案例教学五法

目前国内的研究大多是偏重于从理论层面探讨案例教学的定义、特点等；小学语文、数学、英语案例教学活动开展得不够普遍，案例资源开发不够，真正有价值的教学案例很少；集中于教学方法层面的研究较多，但现实操作的应用性不强；文献型案例较多，实践型案例较少。本项目的研究正是针对这些不足，主要研究小学语文、数学、英语学科课堂教学过程中应用案例教学的基础理论、实施策略和效果评价，在国内外案例教学取得的大量研究成果的基础上又补充了一项新的成果。此项成果具有重要的理论价值和借鉴意义，如图 18 所示：

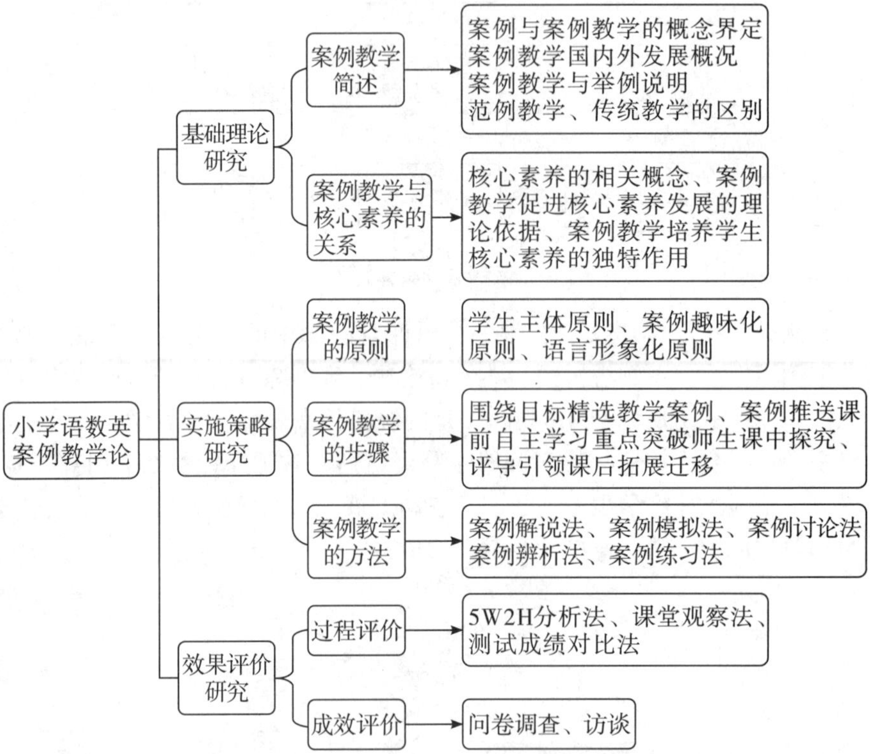

图 18　小学语文、数学、英语案例教学研究

（三）更新培养理念，立足小学语文、数学、英语学科核心素养

本项目是基于核心素养的小学语文、数学、英语学科案例教学研究，研究的目的是培养小学生发展核心素养，改变以往唯书本、唯分数的应试教育的培养目的。本项目以学生为主体，以培养学生的自主学习能力、实践能力和创新能力为基本价值取向，体现以人为本、以学生发展核心素养为本的教育改革思路，通过小学语文、数学、英语等多门课程的案例教学，落实学科所承担的核心素养培养目标。

（四）创新研究方式，小学语文、数学、英语多学科研究探索

本项目长达 22 年的研究时间里，前期的 19 年时间一直是在探讨小学语文学科课堂教学的有效方式，后期的 3 年扩大到小学语文、数学、英语等多个学科，首先联合小学语文、数学、英语学科的 135 位一线教师，后来又扩

大到了品德和信息技术两个学科，通过组织研讨、平等互动、多向对话，引导学生阅读、思考、分析、讨论、表达、交流，让学生感悟、理解和掌握知识，培养学生语文、数学、英语等多门课程的核心素养。然后，分析多个学科案例教学行动上的个性，总结多个学科案例教学行动上的共性，摸索出带有规律性、指导性的案例教学方法，使案例教学的行动更具有针对性、典型性、普遍性和实效性。

（五）拓宽研究平台，团队协同开发应用

本项目前期 19 年均局限于在一所学校的范围内开展研究，后期 3 年联合广州市海珠区、越秀区、天河区、黄埔区、从化区五区九校，加上广州市帮扶单位清远市阳山县第一小学以及湖南省双峰县荷叶镇荷叶中学和拱石完小共 12 所学校，在语文、数学、英语等多个学科教学中开展合作研究。团队成员中有互联网技术人才、教学名师、一线教师、学校负责人。大家横向联合、纵向开拓，既有分工，也有合作，网上晒课和推荐优秀案例教学课，组织看课、评课、教研，使教学研究成果具有认同感和典型性，最终开发项目独立的网站“乐学园”和微信公众号“教育人人通”，建立小学语文、数学、英语教学案例库，实现资源共享。12 所学校联合开发的公开、免费的案例教学网站和微信公众号、丰富的小学语文、数学、英语教学案例库，为广大教师搭起了一个案例教学的交流、讨论、研究平台，为任课教师提供了丰富的教学资源，这对加强学校合作、改善课堂教学方法、提高课堂教学效率有着重要作用。

（六）开发课题网站，建构“互联网 + 教育”模式

本项目开发了案例教学项目的独立微信公众号“教育人人通”（见图 19）和项目独立网站“乐学园”（见图 20），初步建立了小学语文、数学、英语学科教学案例库，令“双线混融教学”成为事实。开发网站的目的在于构建“互联网 + 教育”模式。微信公众号“教育人人通”中的“官方网站”栏目与“乐学园”网站对接，让师生可以通过手机登录“乐学园”网站的小学语文、数学、英语案例库学习，也可以在电脑上打开网站来学习。

图 19　教育人人通

图 20 “乐学园”网站首页

二、小学语文、数学、英语学科案例教学的效果与反思

（一）效果

本项目历时 22 年，不仅取得了丰硕的教学成果，而且推广应用广泛，反响较大。

1. 教学成果丰硕

本项目由广州市海珠区石溪劬劳小学罗小平提出，历时 22 年。项目组实验教师独立开发小学语文、数学、英语等多个学科的教学案例共 539 个，12 所协同研究学校受益师生达 15838 人，小学语文、数学、英语案例教学课程资源建设已显成效。“教育人人通”微信公众号和“乐学园”网站方便师生用手机或电脑免费选择线上案例来学习。此项成果的负责人主持案例教学省、市级课题 3 个，结题均获“优秀”等级。此项成果共获奖 147 项，其中项目负责人获奖 27 项（全国一等奖 2 个、省“优课”1 个、省级一等奖 2

个)，项目组其他成员共获奖11项，实践检验单位获奖109项。此项成果共发表成果论文64篇，其中负责人发表成果论文32篇（核心期刊11篇)，项目组其他成员共发表案例教学论文8篇，项目推广实践检验单位共发表论文24篇。项目负责人出版案例教学成果著作共3本，其中《做一名思考的教育行者》和《小学语数英学科案例教学论》由广东高等教育出版社出版，《小学语文案例教学成果集》正在出版中。

2. 推广应用广泛

(1) 应用效果明显。项目负责人罗小平将项目成果推广应用到广东省广州市海珠区、越秀区、天河区、黄埔区、从化区，清远市，肇庆市怀集县和湖南省双峰县两省共十多所学校。成果检验单位陈敏婷校长对巫山等案例教学研究报告对外辐射讲座7次。成果检验单位冯健锋校长在清远市教育局组织下向英德市320名校长推广。此项研究成果，在推进小学语文、数学、英语学科案例教学，培养学生核心素养方面取得了良好的成效，造成广泛的影响。

(2) 延伸学习平台。本项目开发了独立的“乐学园”网站和“教育人人通”微信公众号，初步建立小学语文、数学、英语学科教学案例库，延伸了学习平台。其目的有二：一是分享实验教师的研究成果，给教师和学生试用，提高课堂教学效率；二是给提供学生一个课外自学的平台。学生可以借助线上教学案例预习新课，也可以复习在课堂上还未掌握的知识点，并且可以反复地看、反复地学，直到弄懂为止。开发网站和微信公众号，建立小学语文、数学、英语学科教学案例库，让教师和学生有了实在的获得感。

(二) 反思

小学语文、数学、英语学科案例教学实施需要深入推进；小学语文、数学、英语学科教学案例库需要不断丰富和完善；小学语文、数学、英语学科案例教学促进小学生核心素养发展的策略研究需要切实创新并在更大范围内推行。

参考文献

[1] 陈艳. 如何在教学中培养小学生的核心素养 [J]. 西部素质教育, 2017, 3 (11).

[2] 谢新发. 猜测 设计 探究 交流: 基于培养小学生核心素养的认识 [J]. 黑龙江教育 (理论与实践), 2017 (4).

[3] 许敏玲. 基于核心素养导向的小学语文教学策略研究 [J]. 新课程 (上旬), 2017 (7).

[4] 曹成. 基于学生核心素养的“小积累大阅读”语文教学实践研究 [J]. 小学教学研究, 2016 (20).

[5] 顾美蓉. 基于学生经验, 培养语文核心素养 [J]. 新作文 (语文教学研究), 2017 (3).

[6] 万智微. 核心素养导向下的小学语文课堂教学策略之研究 [J]. 教育现代化 (电子版), 2017 (13).

[7] 汪潮. 学科核心素养在课堂教学中的渗透和培养: 关于语文核心素养内涵的解读 [J]. 小学教学研究, 2017 (4).

[8] 邵玉成. 青少年科技教育途径的思考与创新 [J]. 新课程 (上旬), 2015 (10).

[9] 邹立波. 学校科技创新活动的课程基础: 综合实践活动的视角 [J]. 中小学德育, 2015 (11).

[10] 林崇德. 21 世纪学生发展核心素养研究 [M]. 北京: 北京师范大学出版社, 2016.

[11] 张传燧, 左鹏. 小学生核心素养培养的学科策略 [J]. 当代教师教育, 2017, 10 (2).

[12] 温秀欢. 基于核心素养培养的小学数学教学实践探讨 [J]. 都市家教月刊, 2017 (3).

[13] 陈孝霞. 基于核心素养导向的小学数学教学路径探析［J］. 考试周刊，2017（47）.
[14] 郭永发. 基于实例建立小学数学核心素养理解［J］. 数学教学通讯，2017（1）.
[15] 周彩刚. 基于核心素养导向的小学数学教学路径［J］. 情感读本，2017（32）.
[16] 张翠梅，李修平. 案例教学法在公安英语教学中的应用［J］. 中国人民公安大学学报（自然科学版），2013（2）.
[17] 颜莹. 教学案例：从实践走向研究［J］. 江苏教育研究. 2013（02）
[18] 陈玲，胡智杰，周志. 1：1 环境下的小学英语课堂教学特征研究：基于视频案例分析的视角［J］. 中国电化教育，2014（2）.
[19] 李宇环. 高师院校小学英语案例教学策略［J］. 湖南第一师范学院学报，2013（5）.
[20] 李正富. 通用技术教学案例的选择原则：2013 年省市教师教学技能比赛案例例说［J］. 教育教学论坛，2013（50）.

案例索引

后　　记

俗话说得好：一个人可以走得很快，但一群人才可以走得很远。众人拾柴火焰高。研究成果是项目组每一位参与研究的专家、领导和老师在实践中一点一滴积累起来的，它属于大家。

“案例教学促进小学生核心素养发展的实践研究”项目的研究团队阵容强大，力量雄厚。项目指导专家来自各级教育研究院和高校。其中，来自各级教育研究院的专家有广州市教育研究院副院长傅荣研究员，广州市教育研究院科研部门科研员郑家裕副研究员，广州市教育研究院教研室语文科科长、高级教师王亚芸，广州市海珠区教育发展研究院科研部部长、高级教师费伦猛和科研员、高级教师佘晓棠。来自高校的专家有北京师范大学教育学部教育管理学院副院长朱志勇教授、博士，广东第二师范学院闫德明教授、博士，广东技术师范学院数科学院院长梁海华教授、博士，广东第二师范学院中文系周朔副教授。此项目还得到了广州市海珠区教育局党组书记、局长蔡健安的大力支持和鼓励。

项目组的核心成员里，职称最高的是高级教师，学历最高的是硕士，年龄最大的是53岁，年龄最小的是刚入职的22岁的老师。其中，有6位“广州市卓越中小学校长培养工程”培养对象第五期学员，现任校长、书记，分别是广州市海珠区石溪劬劳小学书记罗小平、广州市天河区第一实验小学校长江来明、广州市越秀区清水濠小学校长陈敏婷、广州市从化区鳌头镇车头小学校长罗浩明、广州市黄埔区枫下小学校长马国强、清远市阳山县第一小学原校长冯健锋。有一位“广州市卓越中小学校长培养工程”培养对象第六期学员，广州市海珠区石溪劬劳小学校长梁伟雄。还有换届后新任广州市从化区鳌头镇车头小学校长李超洪、广州市海珠区聚德东小学副校长熊敏，以及广州市海珠区绿翠现代实验学校小学部副校长罗适宜和陈海冰老师、郑敏老师。有4位来自省市一级学校的教科研能力很强的教导主任，分别是华南理工大学附属实验学校后勤主任罗育华、广州市天河区五山小学教导主任贺立群、广州市海珠区聚德东小学教导主任徐云南和方秀纯老师、广州市海珠区三滘小学副教导主任黄惠仪。

参与本项目研究的学校有12所，其中有6所实验学校的研究团队由校长带领，参与研究的教师共有135人。

广州市海珠区石溪劬劳小学参与此项目研究的实验教师有：语文学科的朱敏明、梁清华、刘映红、王歆狄、刘宝敏、梁雅意、陈淑敏、陈结仪、梁杏燕、冯德萍、陈柳君、王诗婷、曾秀君，数学学科的区锡辉、侯晰花、高焕烘、周趣娟、卫淑敏，英语学科的汤红梅、李丽媛、侯湘伶、周娟、黄冠青、吴伟兰、张雪玲。

广州市越秀区清水濠小学参与此项目研究的实验教师有：语文学科的蒋燕、蒙洁琳、范智萍、曹蕙、李玮殷、冯凯珊、许晶云，数学学科的唐伟国、陈琪珊、李莉敏、田海燕、吴家权、陈国杰、黄宙、欧晓燕、卢静谊，英语学科的黄馥生、邓凝、龚家文、项白羽、梁峭瑜、罗燚。

广州市天河区第一实验小学参与此课题研究的实验教师有：语文学科的蔡梦、欧阳婧、陈堃玉、吴雯雯、王暖婷、黄安娜，数学学科的庞君、陈婉文、罗熙、吴凯东、黄英、周转坤，英语学科的黄凤英、毛学良、卢韵妍、林少芳、刘淑玲。

广州市从化区鳌头镇车头小学参与此项目研究的实验教师有：语文学科的徐少珍、林杏贤、邵巧娜、何汝芳、李翠萍、赖素园，数学学科的肖桂兴、何演红、陈静园、李桂波、贾玉英、李少开，英语学科的贾容娟、何金桃、江金霞、肖素虹。

广州市黄埔区枫下小学参与此项目研究的实验教师有：语文学科的郭素娣、马玉霞、马柳容、张颂军、汤少芳、汤润容，数学学科的陈伟光、何兰清、陈述宏、何伟其、陈伟能、汤耀垣、郭秋连，英语学科的陈慧燕、马少芬、陈凤葵、杨润芬、丁江雄、刘凤维。

清远市阳山县第一小学参与此项目研究的实验教师有：语文学科的邹丽环、李莉萌、陈丽莉、李小洁、刘小青，数学学科的黄秀玲、李雪梅、丘卫萍、陈秀莲、潘世平，英语学科的李国泉、邹洁敏、周扬花、马彩霞、毛俏梅、陈义珍。

案例库由参与研究的135位教师共同建立。实验前、实验中、实验后的测试成绩对比分析、问卷调查情况以及访谈情况由项目组核心成员罗小平、江来明、陈敏婷、罗浩明、马国强、冯健锋、梁伟雄、罗适宜、罗育华、贺立群、熊敏、徐云南、黄惠仪提供。在这里还要特别感谢我们研究团队中的华南理工大学附属实验学校罗育华副主任，罗副主任是信息技术老师，他主动请缨负责建立、开发“教育人人通”微信公众号和“乐学园”网站，为项目组搭建了一个交流平台，并且建立了案例库，为案例教学的实施提供了强有力的保障。他的无私奉献令我感动。特别鸣谢广东省肇庆市怀集县教育工委副书记莫世景，怀集县教师发展中心副主任莫美雄，怀集县教师发展中心培训处主任黎培坚，怀集县幸福街道初级中学党支部书记、校长麦才友，怀集县教师发展中心附属石龙小学校长丘红慧，怀集县实验小学副校长莫结结，怀集县麦才友名校长工作室全体成员，怀集县蓝钟镇中心学校郭忠盛、陈华、巫烜志、向君山、王超伟等行政人员和教师。湖南省娄底市双峰县荷叶镇荷叶中学吴建军校长带领的研究团队成员贺卫泉、彭启兵、王红萍、彭维锐等老师，湖南省双峰县荷叶镇拱石完小王小平校长带领的研究团队成员李思思、陈智缓、周燕珊老师积极参与课题研究实践，师生线上线下教学互动，受益师生1532人，效果良好。

最后，千言万语汇成一句话：科研路上，走在一起是缘分，一起在走是幸福，感恩有您！

罗小平
2020年3月